Andreas Franz Himmelstoß

»Ach, wärst du nur wie wir ...«

Andreas Franz Himmelstoß

»Ach, wärst du nur wie wir ...«

Schwiegereltern und Schwiegerkinder – ein kompliziertes Verhältnis

Kösel

FSC
www.fsc.org
MIX
Papier aus verantwortungsvollen Quellen
FSC® C006701

Verlagsgruppe Random House FSC® N001967
Das für dieses Buch verwendete FSC®-zertifizierte Papier *Munkenprint* liefert Arctic Paper Munkedals AB, Schweden.

3. Auflage 2013

Umschlag: Elisabeth Petersen, München
Umschlagmotiv: fotolia, Liv Friis-Larsen/Frank Boston
Druck und Bindung: CPI – Ebner & Spiegel, Ulm
Printed in Germany
ISBN 978-3-466-30779-1

Weitere Informationen zu diesem Buch und unserem gesamten lieferbaren Programm finden Sie unter
www.koesel.de

Inhalt

Einführung 9

Familiendynamiken als Schlüssel zur Heilung 13

Der Schlüssel liegt in Ihnen 13

Wenn der Schlüssel bei mir liegt – bin ich dann »schuld«? 15

Steffi – die »arrogante« Schwiegertochter. 17

Werte und Weltanschauungen dürfen sich unterscheiden 20

Die Werte der Herkunftsfamilie. 22

Die stille Bedrohung: Du bist so anders als ich 24

Ist es schwieriger, das Leben vor sich oder hinter sich zu haben? 26

Manfreds Eltern: Die Wiederkehr des Verdrängten. 28

Steffi: Die zwanghafte Wiederholung seelischer Schmerzen 30

Manfred: Schuldig im Sinne der Anklage 31

Der Maskenball des wahren Herzens 34

Die Maskengarderobe öffnet sich 36

Warum wir lieben, wen wir lieben,
und warum die Schwiegereltern immer genau die
Richtigen sind 42

Armins Schwiegereltern und das Schicksal seines
Großvaters 43

Der Partner oder die Schwiegereltern
als Trainer 47

Susanne: Die Freikämpferin für Mann und Leben . . 50

Rangfolge, Ordnung und die Würdigung
des Kreises 52

Wo der Vorrang der Früheren nicht greift 55

Richard: »Ich trag es mit dir, Mama« 58

Projektion ist ein Schatz für Selbsterkenntnis 60

Die segensreiche Haltung aller Beteiligten 62

Achtsames Verhalten zur Würdigung aller
Familienmitglieder 68

Wer nur gibt, macht andere böse 72

Wenn Eltern leiden: »Mein Kind hätte es besser
verdient als mit diesem Partner« 75

Schwarze Schafe: Ausgegrenzte und Abgewertete
werden unbewusst zurückgeholt 75

»Scheitern« und Konflikte als Abnabelung 78

In der Hölle muss man glauben, was man denkt . . . 83

Weitergereichter Schmerz – ein unsichtbares Gift . . 85

Verdichtete Einsichten 87

Bedürfnisse achten, gewaltfrei kommunizieren 89

Peter: Der nicht Aufgenommene 89

»Jetzt verstehe ich dich« – ein Rollengespräch zwischen Peter und seinem Schwiegervater 90

Sie entscheiden, was Sie hören 99

Bedürfnisse erkennen – Gefühle und Verhalten verstehen 100

Bedürfnisse, die uns alle verbinden. 104

Die verbindende Wahrheit *hinter* dem Urteil 106

Bedürfnisse sehen statt über Strategien urteilen . . . 108

Wie fühlen wir wirklich – und warum? 114

Zerrissenheit bedeutet Unklarheit in den Bedürfnissen 120

Geduld: Sprechen Sie erst nur mit sich selbst 122

Ihrem Umfeld zuliebe: Seien Sie authentisch 123

Wann das Gespräch aktiv suchen? 126

Wenn Früheres in uns und unseren Beziehungen wirkt 129

Von denen, die Platz gemacht haben – die Auswirkung Früherer 129

Das unerträgliche Glück auf Kosten anderer 133

Was hilft, das Glück auszuhalten – Früheres und Schweres achten 135

Hanna und Karl – »Der Ersatzsohn« 141
Die Schwiegereltern sind auch im Partner 144
Wertekonflikte und die Lösung für die Eltern. 145
Das Beziehungs- und Familiengewissen 147
Warum Familienaufstellungen wirken 149
Der Deckblatteffekt – wie selektive Wahrnehmung Ehen zerstört 151
Die Notbremse ziehen 154
Parteilichkeiten beenden 156
Wann ist Trennung eine gute Lösung? 158

Die Kraft des Geistes und des Herzens . 161

Mentale Übungen – ein mächtiger Schlüssel zu Wandlung und Heilung. 161
Den inneren Boden für positive Veränderung bereiten 164
Gute Wünsche und der Gruß des wahren Wesens. . . 169
Zeit hat man nicht, Zeit nimmt man sich 171
Ausklang: Ein Lied auf die Liebe 172

Dank 175

Quellen und Literaturhinweise 176

Einführung

Was alle Menschen in der Tiefe gleich haben, ist der Wunsch nach Glück. Und das tiefste Glück erfahren wir über Wege, die unser Herz berühren – daher haben auch all unsere Beziehungen so viel Gewicht in unserem Leben, auch wenn viele das nicht gerne wahrhaben wollen. Konflikte und Spannungen in und zwischen Familien sind für alle Beteiligten tief schmerzhaft. Von den Enkeln über das Elternpaar bis zu den Groß- oder Schwiegereltern. Oft verbirgt sich dieser Schmerz zwar dann hinter Groll, Vorwürfen, Wut oder Rückzug und Resignation. Genauer hingeschaut wünschen sich alle Beteiligten in der Tiefe jedoch Frieden, Verbundenheit, Freude und Leichtigkeit miteinander. Und sie leiden darunter, wenn es nicht so ist. Auch in den Anfängen der Menschheit waren wir immer als Stämme, als große Familien orientiert.

Eltern lieben ihre Kinder. Kinder lieben ihre Eltern. Partner lieben sich. Großeltern lieben ihre Enkel. Enkel lieben ihre Großeltern. Wenn diese Liebe nicht sichtbar und fühlbar ist, sind Bedingungen vorhanden oder gestaltet worden, die diese Liebe nicht ausgelöscht haben, sondern sie nur verbergen, wie die Sonne hinter Wolken. Liebe und Verbundenheit können nicht wirklich weg sein. Sie können nur in nicht fühlbare und sichtbare Bereiche abrutschen und zurückweichen. Auslöschbar ist die Liebe nicht, da sie unser wahrer Wesenskern ist. Ausnahmslos bei jedem Menschen. Dessen bin ich vollkommen überzeugt.

Welche Umstände führen also heute zu so vielen Spannungen und Leiden zwischen den Generationen, in Familien und Paarbeziehungen? Scheitert manches Paar oder manche Jung-Familie auch daran, wenn es Überkreuz-Spannungen zu den Schwiegereltern gibt, und was sind die Hintergrundbedingungen für die Entstehung solcher und anderer Konflikte? Welche Einsichten und auch Übungen können uns dienlich sein, Segensreiches ins Fließen zu bringen, die Liebe und Wertschätzung zu bewahren und Frieden wieder greifbarer zu machen in unserem nahen und liebsten Umfeld? Das ist Anliegen und Ursprung dieses Buches.

Warum sind Schwiegereltern, -töchter und -söhne »unvermeidbar«? Der Strom des Lebens ist bildlich betrachtet von weit her weitergereicht worden und zu uns gekommen. Zu Ihnen, zu mir, zu Ihrem Partner, zu Ihren Kindern. Wie ein Fluss jedoch die Tropfen der Quelle und auch Spuren aus allen Landschaften enthält, durch die er fließt, so enthalten auch Sie die Essenz Ihres Vaters, Ihrer Mutter und der familiären »Landschaft«, durch die das Leben in Ihrer Familie geflossen ist. Und Ihr Partner, Ihre Partnerin enthält die Essenz seiner/ihrer väterlichen und mütterlichen Quellen und seiner/ihrer familiären Landschaft.

Wenn wir einem Menschen begegnen, den wir lieben oder lieben lernen, dann haben wir »unvermeidbar« auch gewissermaßen eine Liebesbeziehung zur Mutter des geliebten Menschen und zum Vater des geliebten Menschen – auch wenn diese Aussage manchen vielleicht erst einmal abwegig erscheint. In Ihrem Partner haben Sie mit seinen beiden Eltern und deren Herkunft Verbindung, unausweichlich. Und im Partner Ihres Sohnes oder Ihrer Tochter haben Sie es mit allen Vorfahren von diesem oder dieser zu tun – es ist nicht nur ein Kind, das in Ihre Familie hineingeheiratet hat. Nein, wenn Sie es so betrachten würden, wäre dies eine gewisse Ausblendung seiner Herkunft und Sippe.

Denn die Eltern und auch deren Vorfahren sind in jedem Menschen mit all ihren Werten, Sichtweisen und Erfahrungen gegenwärtig. Daran kommen wir nicht vorbei, auch wenn viele Paare, Eltern und Schwiegereltern sich so verhalten, als könnten sie dies. Die unzähligen Paare und Familien, die unter Generationskonflikten leiden, die weltweiten Trennungsstatistiken von Paaren und die vielen innerlich bereits Getrennten, die in den Statistiken gar nicht erscheinen, sagen uns jedoch eindeutig, was in dieser Welt nicht funktioniert.

Dieses Buch ist geschrieben für Männer, Frauen und Paare, die in ihrer Beziehung leiden oder an schwierigen Beziehungen zu einem oder beiden Schwiegereltern zu tragen haben. Ebenso richtet sich das Buch an Schwiegereltern, die in Spannungsfeldern zu einer Schwiegertochter, einem Schwiegersohn oder ihrem leiblichen Kind stehen.

In diesem Werk werden Ihnen *vier Wege beziehungsweise Sichtweisen* begegnen, Ihre Beziehungen, Ihre Konflikte, die Verhaltensweisen der Beteiligten und die Hintergründe verstehen zu können und Auswege zu erkennen: erstens der Weg, all Ihre Lebenskulissen und Konflikte als einen Wink des Lebens zu begreifen, eine Altwunde in sich selbst erkennen und heilen zu können. Zweitens der Weg, über systemische Einsichten zu erkennen, dass in Beziehungs- und Familiensystemen oft ganz verborgen Bedingungen und Einflüsse wirksam sind, aus denen wir uns nur befreien können durch Kenntnis dieser Wirkkräfte und durch Demut im Herzen. Drittens der Weg, über die Einsichten aus der Gewaltfreien Kommunikation tiefer sich selbst und andere in ihrem Verhalten und Fühlen verstehen und achten zu lernen. Der vierte Weg ist, Ihre Beziehungen durch mentale Übungen, also auch durch die Kraft des Geistes und des Herzens, positiv zu beeinflussen.

Hintergründe werden somit aus verschiedenen Perspektiven beleuchtet und mögliche Auswege aus oft verfahrenen Familiensituationen gezeigt. Dafür werden Beispiele aus dem wahren Leben verwendet. Um die Anonymität zu wahren, sind die Fälle jedoch teils geringfügig abgewandelt und die Namen geändert. Die Psychodynamik bleibt jedoch in allen Fällen klar erhalten.

Ich möchte Sie hiermit herzlich einladen, auch die Fallgeschichten zu lesen, die scheinbar nichts mit Ihnen zu tun haben, da anhand dieser Beispiele viele Zusammenhänge und Hintergründe erklärt werden, die für jeden Menschen, jede Familie und jedes Paar wesentlich und wichtig zu verstehen sind. Manchmal mag Ihre Situation identisch, teils vielleicht ähnlich sein, vielleicht nur mit vertauschten Rollen. Und manchmal erkennen wir eine eigene Betroffenheit nicht bewusst, unsere Seele versteht während des Lesens jedoch etwas Tieferes, und so kann auch etwas in Frieden kommen.

Ich wünsche Ihnen von Herzen Frieden in Ihrer Familie.

Familiendynamiken als Schlüssel zur Heilung

Der Schlüssel liegt in Ihnen

Auch wenn es wenige gerne zugeben: Unsere zwischenmenschlichen Beziehungen sind uns neben unserer Gesundheit am wichtigsten auf dieser Welt. Wer spürt noch Freude an einer Beförderung, am Arbeitsplatz, an Erfolgen privater, beruflicher oder sportlicher Art, an seinem Haus oder Auto, an seiner Figur oder welchen äußeren Dingen auch immer, wenn der Haussegen schief hängt?

Dann wird alles andere schnell relativ, wir fühlen uns bedrückt, belastet oder durch Ärger und Hadern anderweitig unserer Lebensfreude beraubt. Und da haben die meisten Menschen gelernt, sich in eine Sackgasse zu manövrieren. Diese Sackgasse hätte als Namen vielleicht »Der-andere-ist-verkehrt-Weg« oder »Es-sollte-anders-sein-Straße«.

Wir haben gelernt, in Konflikten andere Menschen als das Problem anzusehen. Wir werten, beurteilen und sehen meist den scheinbar einfachen, aber immer unmöglichen Weg: Ganz einfach, der oder die andere muss sich halt ändern! Dann wäre das Problem gelöst. So halten wir uns insgeheim also für richtig und den Konfliktpartner für falsch. Oder wir werten uns selbst ab und erklären uns für den Hauptschuldigen, der eben einfach anders sein sollte, aber leider nicht ist.

Vielen mag dies nicht so bewusst sein. Aber mal ehrlich: Sind Sie ein Mensch, der in einem Konflikt sich Zeit nimmt, eventuell Hilfe und Gespräche mit anderen sucht, um in sich die Ursachen des Konflikts herauszufinden? Sind Sie der Mensch, der sich fragt: »Warum bin ich in diesen Konflikt geraten? Was ist mein Anteil an dieser Situation, und vor allem: Was kann ich lernen und welches Thema in mir darf ich gerade lösen anhand dieser Situation?« Sind Sie ein Mensch, der den Mut hat, beide Hände mit geschlossenen Augen ans Herz zu legen mit der Frage »Welchen Schmerz berührt dieser Konflikt in mir?«. Sind Sie fähig und willig, an den Masken Ihres Konfliktpartners vorbei auf seinen wahren Wesenskern zu blicken, auf das liebenswerte reine Wesen? Haben Sie das Einfühlungsvermögen und das Bewusstsein, reinzufühlen, was im Herzen Ihres Konfliktpartners wirklich vor sich geht? Wenn ja, meine höchste Gratulation! Denn dann haben Sie eines tief erkannt: Der Schlüssel zur Veränderung liegt immer in Ihnen selbst.

Wenn Sie diese Erkenntnis bereits verinnerlicht haben, ist das wunderbar. Dann hätten Sie Opfer- und Täterdenken in dieser Welt hinter sich gelassen – sprich, die fatale Grundannahme, dass in einem Konflikt immer einer schuld sein muss. Sie wären ein eigenverantwortlicher Mensch geworden, der fähig ist, Konflikte aller Art wirklich lösen zu können. Was definitiv nicht funktioniert, ist, andere oder sich selbst zu bewerten und Schuld zuzuweisen. Dann wären entweder Sie selbst »schlecht« und könnten nur noch gebückt und nicht mehr ebenbürtig wandeln und handeln oder der andere Konfliktpartner wäre der ernannte Böse und wir könnten uns mit gutem Gewissen im Recht fühlen und auch schlimm verhalten.

Andere oder sich selbst zu bewerten und ihnen Schuld zuzuweisen, führt immer zu Schmerz.

Ebenso lähmt es, eine Situation als unabänderlich zu erleben und uneigenverantwortlich darauf »warten« zu müssen, bis die Situation sich ändert. Damit drehen wir uns im Kreis, verlängern und intensivieren Leiden und befinden uns in den oben genannten Sackgassen des Lebens. So haben es aber die meisten von uns gelernt. Dieses innere und dann auch äußere Konfliktverhalten erscheint uns so normal, dass wir es meist gar nicht selbst bemerken.

Wenn wir kraftvoll leben und wirken wollen, braucht es Eigenverantwortung. Nur das gibt uns die Kraft, Situationen auch aus uns selbst heraus wieder zu verändern, neu zu gestalten oder Unabänderliches ins Herz zu nehmen – sei es ein schicksalhaftes Ereignis oder eben einen Menschen, so wie er geworden ist. Nur so können wir liebevoll sein in dieser Welt, zu uns und zu anderen.

Wer kraftvoll leben und wirken will, braucht Eigenverantwortung.

Wenn der Schlüssel bei mir liegt – bin ich dann »schuld«?

Eine erste wesentliche Kernaussage dieses Buches lautet also: Egal, mit wem Sie einen Konflikt haben und welcher Art er ist, die Ursache und auch der Ausweg liegt wie ein goldener Schlüssel in Ihnen. Das ist für manche nun sicher starker Tobak, weil sie daraus hören oder lesen: »Aha. Ich soll also wieder schuld sein!« Das ist es aber nicht, was ich geschrieben habe. Wie wir im ersten Familienbeispiel gleich sehen werden, spiegelt die Situation als Gesamtheit für jeden Einzelnen etwas Besonderes und etwas Unterschiedliches im Kern wider. Jeder Einzelne kommt an ein eigenes, tiefes Thema innerhalb solch eines Konflikts.

Nur ist nicht jeder mit dem Bewusstsein beschenkt, dies für sich nutzen zu können. Sie könnten es bald sein. Wenn im nachfolgenden Beispiel der Schwiegervater einen Weg findet, tief in sich hineinzuspüren und zu erkennen, worum es für ihn in diesem Konflikt wirklich geht, dann hat er den goldenen Schlüssel in sich gefunden, der zu einem entspannten Verhältnis mit seiner Schwiegertochter und seinem Sohn führt. Und wenn Steffi, die Schwiegertochter, diesen Weg geht, findet sie den goldenen Schlüssel in sich. Das gilt ebenso für die anderen beteiligten Personen. Wenn nun in einem System aber nur einer wach wird und alle aufkommenden Konflikte in sich zu lösen sucht (und ihm dies vielleicht auch größtenteils gelingt), kommt oft ein Gedanke, der uns Wertschätzung, Sinnhaftigkeit und Ebenbürtigkeit kosten kann: Bin denn immer ich schuld mit meiner Geschichte? Nein. Bitte ersparen Sie sich diesen Gedanken!

Jeder Mensch trägt *immer* den Schlüssel zu einer Situation in sich. Wer den Schlüssel findet, hat sich wieder eine Tür zu seinem wahren Wesen hin weiterentwickelt. Es ist ein Geschenk, die Türen zu durchschreiten, auch wenn die Korridore dorthin teils wahrlich zum Davonlaufen sind. Wenn die anderen ihre Entwicklungschancen noch nicht erkennen, werden Sie daran kaum etwas ändern. Erkennen Sie aber das Geschenk des goldenen Schlüssels: Wenn Sie das zugehörige Thema in sich erlösen, erscheint eine neue, schönere und genau betrachtet höhere Welt. Wenn es Ihnen hilft, betrachten Sie Ihr Umfeld als intensive Seminargruppe mit hoch geschultem Schauspielpersonal. Alle möchten nur eines: Sie an Ihre Themen bringen, damit Sie heil werden können. So ein Intensivseminar wäre in Wirklichkeit unbezahlbar!

Wie können wir aber nun zu so einem eigenverantwortlichen Menschen werden, der Lebensaufgaben und Konflikte wirklich meistern kann? Nun, als Erstes braucht es gewiss die Entscheidung, es werden zu wollen. Wollen Sie? Haben Sie genug gehadert mit dieser Welt, wie sie ist, oder mit Mitmenschen, wie sie eben gerade sind? Irgendwann ist die uns geschenkte Zeit vorbei und es wäre schade,

Letztlich zählt, ob die Liebe in unseren engsten Beziehungen fließt.

dann auf ein Leben zurückzublicken, in dem es nicht gelungen ist, sich selbst und andere liebevoll zu behandeln und Freude und Verbundenheit in den nähesten Beziehungen fließen zu lassen. Das wird es nämlich sein, was uns alle am Ende unseres Lebens interessieren wird. Nichts anderes wird dann noch wirklich Gewicht haben. Eines Tages wird für uns einzig zählen, ob die Liebe in unseren nähesten Beziehungen fließen konnte.

Wenn wir eigenverantwortlich werden wollen, ist die Schaffung eines neuen Bewusstseins notwendig. Wissen und Einsichten über Hintergründe, über die innere Struktur von uns selbst und anderen Menschen. Ein tieferes Verstehen bringt meist auch schon mehr Frieden und Entspannung mit sich. Aber Sie werden auch aktive Möglichkeiten erhalten, etwas für sich und Ihre Situation zu tun – machtvolle einfache Mittel, die jeder Mensch nutzen kann. Aber schärfen wir erst den Blick und unser Bewusstsein für Hintergründe – und wenn wir genau hinschauen: für die Genialität des Lebens, das uns immer dahin führt, wo Heilung geschehen kann.

Steffi – die »arrogante« Schwiegertochter

In den Familien dieses Beispiels prallen im wahrsten Sinne Welten aufeinander. Eine Frau, die überwiegend in der Welt des Geistes zu Hause ist, heiratet in eine Familie, in der harte körperliche Arbeit die Familie und den Hof erhielt, der dort fast heilig ist und den höchsten Wert darstellt.

Steffi ist freiberufliche Motivationstrainerin. Sie hält Vorträge und gibt Kurse, in denen es unter anderem darum geht, dass die Macht der Gedanken und des Glaubens jede positive Wende in jedem Lebensbereich herbeiführen könne. Ihr Ehemann Manfred ist Mechaniker. Er ist nicht so aktiv und euphorisch in all diesen geistigen Bereichen, kann Steffi aber gut ihren Weg gehen lassen und sieht auch, dass die Seminare bei ihr und einigen anderen wirklich Früchte tragen. Er stammt aus einem landwirtschaftlichen Hof. Der Hof wurde väterlicherseits über drei Generationen jeweils als Erbe weitergegeben. Die Mutter von Manfred heiratete aus Liebe zu ihrem Mann früh in diesen Hof hinein und arbeitete voll und dementsprechend hart im Betrieb mit. Manfred sagt, sie wäre eigentlich gern Lehrerin geworden. Aber da gab es »keinen Weg«.

Es dauert nicht lange, bis Steffi in ihrer Begeisterung für ihren Beruf und Weg auch die Schwiegereltern inspirieren will. Aber wollen und vor allem können Eltern Steffis Wahrheit, dass alles auch mit Leichtigkeit und in unbegrenzten Möglichkeiten machbar sei, überhaupt hören und annehmen? Hört sich das in deren Ohren nicht eher wie eine Beleidigung dem Hof und den letzten drei Generationen gegenüber an, die alle hart arbeiteten und die Leichtigkeit zu großen Teilen anderen Werten opferten? Berührt es nicht vielleicht einen alten Schmerz von Manfreds Mutter, die gerne Lehrerin geworden wäre, sich aber dem Mann und dem Hof zu Diensten stellte? Wie hört es sich für jemanden an, der »keinen Weg in diesen schweren Zeiten« sah, seinen Traumberuf zu ergreifen, wenn eine Schwiegertochter nun im Brustton der Überzeugung verkündet, alles sei möglich, für jeden zu jeder Zeit und mit Leichtigkeit? Dabei ist hier nicht die Frage relevant, ob das stimmt, sondern wie sich das für die Eltern Manfreds anhört und anfühlt.

Eine massivere, unsichtbare Bedrohung und Infragestellung des bisher gelebten Lebens kann von außen kaum kommen. Denn wenn Steffis Ansichten und Aussagen als wahr angenommen werden würden, würde sich das bisher gelebte Leben auf dem Hof selbst infrage stellen und man könnte dort in tiefe Depression

Andersartigkeit wird als Selbstschutz oft abgelehnt.

über ein versäumtes, viel zu schwer gelebtes Leben fallen. Andersartigkeit kann manchmal so viel infrage stellen, dass diese zum Selbstschutz abgelehnt wird.

Das Gespräch an diesem Abend wird dementsprechend schnell und nicht sonderlich entspannt beendet – viele Widerstände, Kopfschütteln und Abwehr seitens der Schwiegereltern kennzeichnen den Verlauf. Die Beziehung zwischen Steffi und den Schwiegereltern kippt im Lauf der nächsten Zeit deutlich. Manfreds Vater schimpft bei einem Streit zwischen Vater und Sohn über eine »arrogante Steffi, die überheblich und noch grün hinter den Ohren« sei.

Die gewählten Worte drücken den Schmerz aus, der dahintersteckt: den Schmerz vieler Entbehrungen, den Wunsch nach Wertschätzung für all diese Entbehrungen und das Geleistete, den Schmerz über viele Verluste und Härten des Lebens – wofür Steffi ja noch »zu grün« sei, wohl weil sie äußerlich betrachtet noch keine wirklichen Verluste in ihrem Leben erleiden musste.

Dabei ist, am Rande bemerkt, nicht wesentlich, wie viele äußere und offensichtliche Verluste und Härten ein Mensch im Leben ertragen hat. Wenn ein Mensch beginnt, sich zu seinem Herzen hin zu entwickeln, kann er in sich den Schmerz der Welt finden – und darunter die immer allumfassende Liebe. Es kann also sein, dass ein Mensch sich schon weit mehr dem Schmerz in sich gestellt hat als ein anderer, der äußerlich betrachtet doch schon viel mehr erleiden musste. Ich sage dies hier auch mit Blick auf Steffi, von der ich weiß, dass sie sich schon tief dem Schmerz in sich stellte und von daher gar nicht so »grün« hinter den Ohren ist. Aus der Sicht des Schwiegervaters ist seine Reaktion aber verständlich: Die Eltern Manfreds müssen sich und ihre Familienwerte sowie ihre gewählte Lebensweise schützen.

Natürlich ist die Situation für Steffi ebenso schmerzhaft. Für sie ist das bedrückende Schweigen und Desinteresse der Schwiegereltern eine erlebte Ablehnung. Das »zufällige« Aufstehen und den Tisch verlassen, die aus der Luft gegriffenen Themenwechsel, wenn sie von ihrem Beruf und ihren Erfahrungen schwärmen will ... Sie will etwas geben, ihre Freude teilen und begeistern mit dem Wunsch nach Wertschätzung und Verbundenheit. Aber dafür bräuchte es Zeit. Und vor allem erst viel Wertschätzung und Achtsamkeit der Geschichte Manfreds Eltern gegenüber. So werden beiderseits unausgesprochen viele negative Emotionen und Wellen ausgesandt – bis eben dann der jeweils eigene Schmerz der Beteiligten zu Wut und Vorwurf führt und damit zu Konflikten, Streit und verbalen Verletzungen.

Werte und Weltanschauungen dürfen sich unterscheiden

Um die oft so unterschiedlichen Werte und Weltanschauungen anderer Generationen besser verstehen und damit stehen lassen zu können, kann es hilfreich sein, zu wissen, dass gewisse Wert- und Bedürfnisebenen erst aktiv und wach in uns werden, wenn darunterliegende Schichten gesichert erfüllt sind.

Solange lebenserhaltende Bedürfnisse wie Essen, Trinken, Atmen, Wärme, Sicherheit des Umfeldes, körperliche Nähe etc. nicht sicher gedeckt sind, wie zum Beispiel in Kriegs- oder unmittelbar sich anschließenden Nachkriegszeiten, entsteht nicht der Wunsch und das Bedürfnis, über persönliche Lebens- und Beziehungsthemen nachzudenken und daran zu arbeiten. Ebenso bleibt in solchen Krisenzeiten kaum Raum für persönliche, wirklich individuelle Entwicklung und Freude. Auch Bedürfnisse wie Autonomie spielen dann eine untergeordnete Rolle. Gewichtig ist stattdessen ein neuer Aufbau von Sicherheit und Sinnhaftigkeit. Dies wird größtenteils durch Lebenserhalt und Wiederaufbau erfüllt. Der heutige Luxus, sich persönlicher Entwicklung, Glaubensfragen und Themen der Selbstverwirklichung auch durch Bücher wie diesem zuwenden zu können, entsteht zunehmend erst dann, wenn die oben genannten Grundbedürfnisse sicher abgedeckt sind. Die Zuwendung auf diese nächsten Ebenen hin verursacht aber auch Sinnhaftigkeitskrisen und andere innere Konflikte, weil neue Bedürfnisebenen immer Wachstum im Inneren voraussetzen.

Das ist ein Teil der Problematik, warum die heutige Erwachsenengeneration und deren Eltern beziehungsweise Schwiegereltern oft schwer auf gemeinsame Nenner, auf verbindende Themen und Weltanschauungen kommen. Die Welt ist ebenso anders geworden wie die Probleme in ihr. Oft sitzen die Generationen an einem Familientisch und außer unpersönlichen Themen wie Sport- oder Weltereignissen müssen andere Themen fast gemieden werden. Denn persönliche Themen und Sichtweisen enthalten oft gleich wieder Konfliktpotenzial, weil es den wenigsten gelingt, einfach entspannt die Welt des anderen zu hören, ohne sich gleich selbst dadurch infrage gestellt zu erleben. So ist Verbundenheit, Leichtigkeit und Wertschätzung in vielen Gesprächen zwischen den Generationen und zwischen unterschiedlichen Familien oft schwer oder gar nicht erfüllbar – was letztlich alle Freude kostet. Schade!

Heute müssen wir Verbundenheit, Sicherheit, Zugehörigkeit, Sinnhaftigkeit und Wir-Gefühle meist auf ganz anderen Wegen erfüllen als in früheren Zeiten. Wem dies nicht gelingt, der hat es schwer im Leben. Zudem hat die heutige Generation die auch belastende Freiheit, vieles hinterfragen und hinterdenken zu dürfen, was früher einfach ungeschriebenes Gesetz war. Damals kam man aufgrund des gesellschaftlichen Moraldrucks und vieler materieller Sorgen und Nöte gar nicht auf die Idee, gewisse Gesellschaftsnormen, Lebensformen, berufliche Möglichkeiten, Beziehungen, Erziehungsstile, Weltsysteme usw. zu hinterfragen. Heute gibt es viel mehr Entwicklungs- und Entscheidungsraum für Männer wie für Frauen in all diesen Lebensbereichen – und damit auch viel Problem- und Konfliktpotenzial. Psychodynamisch sind heute viele unbewusst auch von dem getrieben, worauf die Vorgeneration schmerzlich verzichtet hat. Ich weiß nicht, ob wir es heute wirklich leichter haben – in jedem Fall ist es anders als früher.

Ein Bewerten der Weltanschauungen und Werte einer anderen Generation, Familie oder Person ist in jedem Fall vollkommen unangemessen und auch anmaßend. Das gilt in beide Richtungen: von oben nach unten und von unten nach oben.

Die Werte der Herkunftsfamilie

Für jeden Menschen sind die inneren Werte und Weltanschauungen der Herkunftsfamilie fast etwas Heiliges. Was dort gelebt und geglaubt wurde, ist tiefer in uns verankert, als manche es sich eingestehen möchten. Es geht nicht darum, die eigenen Eltern zu verherrlichen – das würde zu viel Realität ausblenden und auch keine gute Wirkung haben. Viele versuchen jedoch aus Schmerz, »besser« und besonders »anders« als die eigenen Eltern zu werden. Das führt im Leben mehr zu einem Kampf als zu einem Gelingen. Wer sich lapidar und erhaben über die Werte der Eltern erhebt, verliert an seelischer Kraft und hat es schwer im Leben. Das ist leicht erkennbar. Schauen Sie sich Menschen an, die abwertend über die Lebensweise

Wer sich leichtfertig über die Werte der Eltern erhebt, verliert an seelischer Kraft.

ihrer Eltern sprechen. Schauen Sie tief in deren Augen und auch etwas auf die Lebensumstände dieser Menschen. Finden Sie dort Glück? Das Leben wie die Seele eines solchen Menschen wird wohl eher einen nicht so glücklichen Eindruck hinterlassen. Das hat einen logischen Hintergrund, denn unsere Eltern sind nun mal zu gleichen Anteilen in uns gegenwärtig – und wie soll ein Mensch in die Selbstliebe und zu Frieden mit sich und seiner Geschichte finden, wenn er in einem inneren »Nein!« zu einem oder beiden Eltern lebt?

Wer wirklich eigene und auch neue Werte entwickeln und einen erfüllenden Weg dabei gehen möchte, kann dies nur, wenn er davor tief und voller Liebe und Dankbarkeit das achtet, was seine Eltern und deren Familien erlebt, gelebt, vorgeebnet und gegeben haben. Das ist oft ein langer Weg, bis es in den Tiefen des Herzens auch wirklich stimmt. Aber es ist der einzige Weg zu wirklichem Glück und der Beginn von wirklicher Selbstliebe. Alles andere wird vom Leben selbst offenbar nicht wirklich unterstützt. Auch das ist leicht beobachtbar. Hören Sie hin, wie wirklich Freude und Glück ausstrahlende Menschen, die ihr Leben und ihre Beziehungen gut meistern, über ihre Eltern und die Früheren sprechen. Da ist Dankbarkeit und vor allem Achtung vor den früheren Reihen und deren meist nicht so leichtem Lebensweg zu finden. Und glauben Sie bitte nicht, dass dies nur Menschen gelingt, die eben eine wunderbare Kindheit erlebt haben – Frieden zu schließen, ist mit jeder Familie und Geschichte möglich. Und gerade die Wege, die besonders Schweres beinhalten, haben auch das Potenzial zu einer besonderen Kraft und Tiefe, die daraus auch in Ihnen erwachsen können.

Das wertfreie Hinschauen auf die Andersartigkeit ist also sowohl für Paare als auch für Kinder und die Elterngenerationen von höchster Bedeutung. Erst wenn wir die Andersartigkeit einer anderen Generation, einer anderen Familie mit ihren Werten und Lebensweisen anschauen und achten, können wir hoffen, dass auch unsere Werte und Sichtweisen angeschaut und geachtet werden von diesen. Das ist verbunden mit ältester Weisheit: Wir müssen selbst geben, was wir haben möchten in dieser Welt. Säe, was du ernten möchtest, sagte Christus. Wenn Armut über dich herrscht, ziehe aus, um zu spenden, sagte Buddha. Beide sprechen das Prinzip von Ursache und Wirkung an. Wer sich Wertschätzung wünscht, darf sich darin üben, selbst ein Meister der ausgestrahlten Wertschätzung zu werden im gedachten und gesprochenen Wort. Am Arbeitsplatz, in der Freizeit, im Verein, in Beziehungen. Was wir wirklich und ganzheitlich geben, also in Geist, Wort und Tat, erhalten wir auch selbst. So einfach ist das. Mit allem. Und damit liegt der goldene Schlüssel wieder in unserer Hand.

Was wir wirklich und ganzheitlich geben, erhalten wir auch selbst.

Die stille Bedrohung: Du bist so anders als ich

Solange die Beteiligten unbewusst versuchen, den oder die anderen von der Richtigkeit der eigenen Werte und damit von der »Falschheit« der Werte der anderen zu überzeugen, verteidigen gewöhnlich alle Beteiligten vehement ihre Position und Sichtweise oder ziehen sich innerlich oder auch sichtbar urteilend oder gekränkt zurück. Vom Ich wird ein Infragestellen der Werte und damit des Lebensstils oft als Angriff und Beleidigung erlebt – nicht nur persönlich, sondern auch die Eltern und Großeltern werden nun unbewusst und meist vehement verteidigt. Wer wagt es, zu behaupten, dass meine Familie, meine Vorfahren und ich »nicht richtig« leben und gelebt haben! Das gilt für Paare ebenso wie für Eltern, Kinder und für Schwiegereltern.

Auf unseren Paarseminaren werden bei einer Übung Rucksäcke entleert, die beispielsweise Geldbeutel, ein Weinglas, Urlaubslandkarten, ein Christuskreuz und viele weitere Gegenstände enthalten. Die Paare unterhalten sich dann anhand der Gegenstände, wie in ihrer Familie zum Beispiel mit Geld umgegangen wurde, ob und was man sich gönnte und was als wertvoll angesehen wurde, welche Rolle Alkohol spielte, ob Glaube und Religion wichtig waren und wie das gelebt wurde usw. Wer aufmerksam zuhört, kann sofort hören, in welchen Lebensbereichen das Paar vor Konfliktpotenzial steht. Nämlich dort, wo Unterschiede in den Werten, Betrachtungsweisen und Handlungsweisen in den Herkunftsfamilien deutlich werden. Denn was wir verinnerlicht haben, halten wir für richtig. Und ehrlich hingeschaut, versuchen die meisten doch in Beziehungen und Familien letztlich, die anderen von der Richtigkeit ihrer Sichtweise zu überzeugen, damit sie uns endlich ähnlich werden und wir uns wieder entspannen können. Denn wie gesagt: Wir fühlen uns insgeheim bedroht durch Andersartigkeit.

Dass diese subtile Form des Ändern-Wollens der anderen jedoch nicht funktioniert, ist überall klar zu beobachten und spiegelt sich sowohl in Beziehungsfrust als auch in den Trennungsstatistiken wider. Es bedeutet: »So wie du bist, liebe oder akzeptiere ich dich nicht«. Das ist eine schmerzhafte Botschaft und das damit verbundene Verbiegen-Wollen bedeutet Gewalt. Allein die Art des Geldumgangs in einer Familie bietet so viel Stoff, dass man sich wöchentlich darüber streiten könnte und der Haussegen, manchmal dann auch mit den Schwiegereltern, dauerhaft Schaden erleiden kann.

Der Ausweg aus diesem Dilemma kann also nur sein, mit dem Werten und Bewerten der von Familie zu Familie unterschiedlichen Sicht- und damit Lebensweisen aufzuhören. Viele glauben, dass sie ohnehin nichts be- oder gar abwerten. Die meisten davon täuschen sich aber und sind sich nur nicht über die inneren Vorgänge bewusst. Ihnen fällt nicht auf, wie oft und blitzschnell wir innerlich über den Partner, die Schwiegertochter, den Schwiegersohn oder über einen Schwiegerelternteil urteilen, weil dieser anders denkt oder handelt, als wir es gerade für richtig halten, oder sich in manchem grundsätzlich anders verhält, als wir dies tun würden.

Für die Seele reicht jedoch eine ausgesandte, wenn auch nicht ausgelebte negative Welle, ein kurzer Blick, eine Mimik, ein Schweigen oder Tonfall, um die schmerzhafte Botschaft zu empfangen, gerade bewertet und als nicht okay eingestuft worden zu sein. Wie viele solcher Momente es braucht, um zu wirklichen Schwierigkeiten in den Beziehungen zu führen, mag unterschiedlich sein – die Wirkung ist aber überall deutlich sichtbar und erlebbar.

Ist es schwieriger, das Leben vor sich oder hinter sich zu haben?

Das Beispiel von Steffi und Manfred beinhaltet also etwas, was sowohl die älteren als auch die jungen Generationen berücksichtigen sollten. Wenn wir die Werte und Weltanschauungen eines Menschen oder einer Familie infrage stellen, wenn auch nur indirekt durch unser Anderssein, stellen wir damit für diesen Menschen viel mehr infrage: das, was er bisher nach seinen Werten gestaltet hat. Ebenso auch das, was er noch mehr oder weniger bewusst mit seiner noch verbleibenden Lebenszeit nach seinen Werten gestalten möchte.

Wenn sich Eltern also beispielsweise in die Erziehungsweise der jungen Generation, die Bauweise des Eigenheimes, die Autowahl, die Art der Urlaube, die Pläne oder grundsätzlich in die Art zu leben der jungen Generation einmischen, kränkt das die Jungen in ihrer Kompetenz. Und beachten Sie bitte wieder: Es reicht, geistig zu urteilen. Mimik, Schweigen und Tonfall transportieren wie unsichtbare Funkwellen Ihre Haltung. Die Jungen hören dann oft indirekt die Botschaft, dass sie eben in den Augen der Älteren noch nicht wissen, was im Leben zu berücksichtigen und wie es zu leisten ist. Diese Interpretation schmerzt und führt zu Widerstand und Spannungen. Wertfrei betrachtet: Dem einen ist Großflächigkeit wichtig, beim anderen sind es niedrige Heizkosten; dem einen sind Ästhetik und Fahrfreude wichtiger als Anschaffungs- und Benzinkosten; Wellnessangebote sind ebenso ein anderer Wert als ein intensives Kulturprogramm. Manche fühlen sich sicherer in einem Weltbild ohne einen Gott, andere beten, wieder andere meditieren. Es gibt hier niemanden, der recht hat – leider meinen die meisten jedoch, dass letztlich schon *sie* »richtig« sind und die anderen damit falsch. Und wenn die anderen in der Tiefe noch keinen wirklichen Halt und absolutes Vertrauen in sich und ihren Weg gefunden haben, *müssen* sie fast allergisch reagieren. Denn das, was ich für richtig halte und danach lebe, gibt mir Sicherheit auch für die Zukunft.

Werfen also Elterngenerationen einen kritischen Blick auf den Lebensstil der nachfolgenden Generationen, versehen sie damit auch das mit Fragezeichen, was die Jüngeren größtenteils noch vor sich haben. Und stellen Nachfolgegenerationen den Weg und das Sosein der Älteren infrage, lassen sie damit auch das fragwürdig erscheinen, was die Älteren größtenteils schon geschaffen und damit hinter sich haben. Ist es nun also leichter, das Leben mehr vor oder hinter sich zu haben – also als älterer oder als jüngerer Mensch in seiner Lebensart hinterfragt zu werden?

Grundsätzlich ist ein Bewertetwerden für alle Betroffenen schmerzhaft. Und aufgrund obiger Erläuterungen wäre es natürlich wunderschön, wenn hier beiden Generationsrichtungen gelebter Respekt und Zurückhaltung gelingt. Ich glaube jedoch, dass vor allem die junge Generation in diesem Punkt zu Vorsicht aufgerufen ist. Was vergangen ist, kann nicht mehr geändert werden. Die Vergangenheit infrage zu stellen, ist ein sicherer Weg, sich selbst oder anderen Leid zuzufügen. Wenn wir, zumindest nach äußeren Bedingungen, noch viel Leben vor uns haben, können wir vielleicht etwas gelassener sein. Dann liegen uns noch vermeintlich viele Möglichkeiten, Richtungsänderungen und neue Entscheidungen für die Zukunft in der Hand. Damit dürfte ein kritisches Hinterfragen von außen für das Unbewusste nicht ganz so bedrohlich und schmerzhaft sein wie für die, die das Leben schon zu großen Teilen gelebt haben.

Wer die Vergangenheit infrage stellt, fügt sich und anderen Leid zu.

Manfreds Eltern: Die Wiederkehr des Verdrängten

Nur diejenigen können auf Wertekonflikte gelassen reagieren, die auf ihrem Weg glücklich und sicher sind. Wer für sich selbst wirklich fühlt, dass es gut so ist, wie es ist, und im Frieden mit seiner Vergangenheit und Gegenwart lebt, der kann Andersartigkeit einfach lassen, ohne sich dadurch angegriffen zu fühlen. Aber wie viele sind das von uns? Alle anderen, sprich jeder, der einen gewissen Frust und eine gewisse Unsicherheit in sich trägt, wird von der Hinterfragung seines Lebensstils getroffen – weil es ihn betrifft. Seine eigene hadernde und zweifelnde Stimme, die er mehr oder weniger gut in sich verdrängt hat, erscheint ihm nun von außen. Und da er diese nicht verdrängen kann, muss er diese

Was wir in uns nicht hören möchten, sagt uns jemand von außen.

»Stimme im Außen« anderweitig loswerden oder verniedlichen, abwerten und damit entkräften. Was wir in uns nicht akzeptieren können, wird uns von außen auf dem Silberteller präsentiert – täglich und mehrmals, wenn wir es brauchen.

Wie oft mag Manfreds Mutter für einen Moment auf dem Hof stehen geblieben sein und sich gefragt haben, ob das wirklich das Leben ist, das sie leben möchte? Hat sie nicht vielleicht manchmal mit Sehnsucht darüber nachgedacht, wie ihr Weg als Lehrerin in der Arbeit mit Kindern ausgesehen hätte? Auf Fotos wirkt sie nicht glücklich, sie geben diesen Vermutungen Raum. Hat Manfreds Vater nicht vielleicht auch manchmal mit dem Leben und den Anforderungen des Hofes gehadert und hätte er es sich nicht auch manchmal etwas leichter im Leben gewünscht? Auch mit Blick auf eine nicht sonderlich glücklich wirkende Frau? Gewiss! Sonst hätten sich beide ganz offen und interessiert auf die Sicht- und Lebensweise von Steffi einlassen können. Wenn ich mir in meinem Weg sicher bin und vor allem zufrieden damit, kann ich Neues und anderes gelassen und freundlich auf mich wirken lassen.

Alles, was uns im Außen verunsichert, kränkt oder uns Schuldgefühle macht, spricht einen Teil in uns an, der genau so darüber und über uns selbst denkt, wie die äußere Person oder Situation uns spiegelt. So trifft uns etwas, weil es uns betrifft. Alles, was uns im Außen begegnet, steht in Resonanz zu unserem Inneren. So erscheint Steffi hier auch als eine Projektion der Eltern Manfreds – sie spricht indirekt das an und aus, was die Eltern in sich nicht mehr hören wollten, was sie sich zeitweise aber auch selbst mehr oder weniger bewusst gefragt haben.

Damit erscheint das Verdrängte schmerzhaft wieder von außen, als neue Chance, Frieden damit zu finden. Das Leben selbst ist der brillante Lehrer und Meister, der uns mit absoluter Treffsicherheit zur rechten Zeit die rechten Lehrer im Außen sendet – sei es der Partner, die Schwiegereltern, eine Lebenssituation, um uns an eine Überzeugung oder alte, noch zu heilende Wunden in unserer Seele zu erinnern. Und weil es das Leben so gut mit uns meint, hört es nicht auf, uns solche Heilungschancen zu senden, bis es sieht, dass es gut ist.

Steffi: Die zwanghafte Wiederholung seelischer Schmerzen

Steffi ist traurig geworden über die Beziehung beziehungsweise die Beziehungslosigkeit zu den Schwiegereltern. Bedrückend erlebt sie die beschriebenen Momente, in denen sich das Desinteresse der Schwiegereltern an ihrem Weg zeigt. Über Monate war es ihr gelungen, das einfach wahrzunehmen und es eben als Berührungsangst der Schwiegereltern mit solchen Themen zu sehen.

Aber dann häufen sich die Momente, in denen Steffi sich in ihrem Sosein nicht gesehen und wertgeschätzt und mit zunehmender Zeit regelrecht abgelehnt und nicht aufgenommen fühlt. Es geschieht das, was bei den meisten Menschen in ähnlicher Situation geschieht: Wir werden hart, um uns vor dem Schmerz zu schützen, der da in uns berührt wird. Es folgen Urteile und Wut über Manfreds Eltern. Wie immer ist jedoch hinter Wut Schmerz zu finden und darunter wiederum die Liebe. Und zur Liebe können wir nur wieder hinfinden, wenn wir uns dem Schmerz stellen. Wenn wir an einen Menschen oder in eine Lebenssituation geraten, die uns erschüttert, die etwas mit uns macht, ist das immer eine Chance, etwas in uns zu heilen. Es ist nicht die Situation, es ist unser Erleben und unsere Auswertung, die etwas schmerzhaft macht.

Hinter Wut ist immer Schmerz zu finden und darunter wiederum die Liebe.

So kann sich Steffi in der Beratung in ihr Herz hineinbegeben und dort nachsehen, woher sie diesen Schmerz kennt, sich nicht gesehen und nicht wertgeschätzt zu fühlen. Da erscheint ihr innerlich ihr Vater. In vielen Therapien und Seminaren hat sie sich die Liebe zu ihm wieder erschlossen und kann auch fühlen, dass er sie immer geliebt hat, auch wenn er es fast nie zeigen konnte. Und doch sind eben manchmal noch Spuren von Schmerz in uns – und das Leben führt uns dorthin über Begebenheiten im Außen. Auch heute würde Steffi sich manchmal wünschen, dass ihr Vater sich für ihren Weg interessiert. Für Steffi würde es bedeuten, dass sie ihm wichtig ist, dass er Anteil nimmt an ihrem Leben und sie liebt.

Der »Auftrag« der Schwiegereltern ist also auch, diesen Schmerz in Steffi zu berühren, indem sie sich ähnlich verhalten wie Steffis Vater. Denn darin ist Heilung möglich. Das Leben gibt uns immer wieder die Chance zur Heilung unseres Herzens. Und immer mehr Menschen werden diese Wirkungsweisen erkennen und als Geschenk und Chance annehmen.

Manfred: Schuldig im Sinne der Anklage

Wie geht es nun Manfred in diesem Szenario? Übrigens eines, das überall täglich aufgeführt wird ... Er weiß weder hin noch her. Der Konflikt zwischen Steffi und seinen Eltern schmerzt ihn sehr. Natürlich kann er sehen, dass da vollkommen unterschiedliche Welten zusammentreffen, aber er wünscht sich nichts sehnlicher als eine entspannte Atmosphäre. Er fühlt sich wie zwischen den Fronten, und was er auch machen würde, er würde sich mulmig, bei genauerer Betrachtung schuldig fühlen. Hält er zu seiner Frau, fühlt er sich schuldig seiner Herkunft gegenüber. Versucht er für die Eltern Verständnis zu erbitten oder zu beschwichtigen, hält ihm das Steffi als Verrat und Im-Stich-Lassen ihrer Person vor. Als wir mit ihm tief hinschauen und er mit dem belastenden Gefühl aus der gegenwärtigen Situation auf eine Reise nach innen und in die Vergangenheit geht, tauchen Bilder auf, die der gegenwärtigen Situation sehr ähneln. Er erinnert sich, dass er seine Eltern auch oft als uneinig erlebt hat – ihm wurde in Abwesenheit des anderen Elternteils oft vorgeschimpft über den Abwesenden. So wird Kindern still ein Schulterschluss angeboten, der zu tiefen Schuldgefühlen führt. Denn wenn ein Kind sich mit einem Elternteil gegen den anderen solidarisiert, verliert es den anderen Elternteil im Herzen. Das ist etwas, was unsere Seele nicht erträgt.

Vordergründig kann dies so weit gehen, dass jemand wirklich abwertend oder verachtend über seinen Vater oder seine Mutter spricht und tatsächlich meint, er liebe und brauche diesen Elternteil nicht im Leben. Ich habe dies schon oft auch bei älteren Generationen in Familienaufstellungsseminaren gesehen. Wer da aber wirklich spricht, ist der abwertende Elternteil, der quasi durch das Kind spricht.

Das ist aber wie gesagt nur die Kulisse und vordergründig. Im Hintergrund muss so ein Kind sich solidarisieren mit dem Abgewerteten, es muss so werden wie er und wird ihm im Lauf der Zeit tatsächlich immer ähnlicher – ob es will oder nicht. Aber wie soll so ein Mensch sich dann selbst lieben? Bei Manfred kommt noch mit dazu, dass er einmal hier und einmal da »eingeweiht« wurde in die Schwächen des Vaters beziehungsweise der Mutter. Die Kinderseele verliert dann die Orientierung: Wen darf ich jetzt lieben? Wer ist jetzt gut für mich? Und wie kann ich in Ordnung sein, wenn eigentlich beide nach deren Auskünften scheinbar nichts taugen? So fühlt ein

Kind sich schuldig, auch dafür, dass es so viel über die Beziehung der Eltern weiß.

Manfred wiederholt emotional genau dieses Drama. Wieder sind da zwei Seiten, die er jeweils natürlich liebt: seine Eltern einerseits und Steffi andererseits. Und wieder wird er von beiden Seiten ins Vertrauen genommen, hört mehr, als er hören möchte. Und wieder fühlt er sich schuldig, wo auch immer er gerade steht. Schuldig im Sinne der Anklage an sich selbst. Leichter wird ihm damit erst, als er in einer Familienaufstellung seinen Eltern, die wie immer bei dieser Arbeit durch stellvertretende Personen repräsentiert werden, tief bewegt von altem Schmerz einen Stein überreicht mit den Worten: »Und was zwischen euch beiden gelaufen ist, da halte ich mich jetzt ganz raus. Ich will das auch gar nicht wissen. Alles, was ihr mir erzählt habt, und auch alles, was ihr übereinander gedacht habt, lasse ich jetzt ganz bei euch. Mama, ich mute dir zu, dass ich den Papa liebe und achte. Papa, ich mute dir zu, dass ich die Mama liebe und achte. Seid mir bitte freundlich, ich habe doch nur euch als Eltern. Und ich brauche euch beide. Ich bin nur euer Sohn und hier der Kleine. Das ist leichter für mich und gut.«

Viele können schon beim Lesen solcher Sätze wahrnehmen, wie tief und emotional berührend und befreiend solche Worte und Momente sein können. Schön ist dabei in Aufstellungen immer auch zu sehen, dass dieser Vollzug in der Tiefe hinter den Masken auch erleichternd und befreiend für die Eltern ist. Eltern sind erleichtert, wenn ein Kind einen Schritt schafft, mit dem es ihm besser oder gut geht.

Der Maskenball des wahren Herzens

Zwischenmenschliche Beziehungen sind vor allem deswegen oft schwer, weil uns das tiefe Verständnis für das Sosein des anderen fehlt. Des Weiteren fehlt uns häufig eben gleiches Einsehen in uns selbst und unser wahres Wesen. Zusammengefasst hat dieses Grunddilemma unter anderem schon jemand vor 2500 Jahren: »Unwissenheit ist die Wurzel allen Leidens«, sagte Buddha.

»Schwierig« ist nicht ein Schwiegerelternteil, schwierig sind die Bewertungen seines Verhaltens und die Urteile, die wir damit über ihn fällen. Ebenso ist kein Schwiegersohn oder ein eigenes Kind »schwierig« oder »problematisch«. Schwierig und problematisch wird es für uns, wenn wir mit einem Menschen in Kontakt sind, über den wir innerlich urteilen. Sie meinen, Sie urteilen nicht? Dann wären Sie immer vollkommen in Frieden mit dieser Welt und mit *jedem* Menschen. Ohne Urteil gibt es keine negativen Emotionen. Das ist wichtig zu verstehen. Es ist nicht die Welt, die negative Gefühle verursacht, es sind unsere Interpretationen derselben.

Nicht die Welt verursacht negative Emotionen, sondern unsere Interpretationen über sie.

Das ist wie bei der Geschichte im Park, wo ein Mülleimer umsäumt ist von Müll. Der erste Jogger denkt sich im Vorbeilaufen: »Frechheit, diese respektlose, randalierende Jugend von heute«, und ärgert sich. Der zweite denkt: »Tragisch, da hat wieder ein Obdachloser nach Pfand und anderen Werten gesucht«, und ist betrübter Stimmung. Die dritte Joggerin, die kurz zuvor ein Eichhörnchen den Baum raufflitzen sah, findet den Anblick des Mülls putzig und denkt: »Einfach süß, was die frechen Eichhörnchen so alles treiben.«

Die Situation ist bei allen dreien die gleiche: Müll im Rasen neben einem Mülleimer. An der Situation hat sich nichts geändert. Was die Gefühle macht, sind unsere Interpretationen. Aber nicht nur das: Der erste Jogger wird bei der nächsten Begegnung mit Jugendlichen entweder ängstlich oder vorwurfsvoll sein. Der zweite wird vielleicht in den nächsten Tagen den Impuls bekommen, zu spenden oder jemanden zu unterstützen. Die dritte kann Jugendliche freundlich ansehen, kann spenden oder alles andere aus Freude machen. Unsere Interpretationen führen auch zu unterschiedlichem Verhalten.

Wie oft und teils negativ wir interpretieren und urteilen, ist den wenigsten von uns bewusst. Wir können aber anhand von negativen und unliebsamen Emotionen in einem Kontakt klar erkennen: Da gibt es Urteile in mir, sonst könnte ich nicht so fühlen. Dies wiederum bedeutet, dass wir den anderen gerade nicht so lassen können, wie er ist. Und das, nur das ist das eigentliche Problem. Wir beziehen sein Verhalten auf uns, bewerten es als falsch und produzieren dadurch Spannungen in uns. Würde dieser Vorgang nicht stattfinden, existierte da kein Problem.

Ich habe diesen Abschnitt »Der Maskenball des wahren Herzens« genannt, weil das, was wir vordergründig an einem Menschen wahrnehmen, nie sein wahres Wesen zeigt. Es ist die Maske, die wir sehen. Und es ist die Maske, die uns stört. Hinter dieser Maske sind oft noch viele andere Masken – Schichten und Verhaltensweisen, die dieser Mensch sich zugelegt hat. Diese Schichten verschleiern aber seinen wahren Wesenskern. Wenn wir lernen, diesen wahren Wesenskern, wenn auch nur blass, wieder etwas durchschimmern zu sehen, ist innerlicher Frieden und Verbundenheit auch mit den »schwierigsten Menschen« greifbar nahe und erfahrbar.

Ich möchte daher hier sowohl auf Schwiegerelternseite als auch aufseiten der leiblichen Eltern und der Töchter und Söhne ein paar lebendige Beispiele über Entstehung und Zweck solcher Masken geben. Dies ermöglicht, dass mancher etwas mehr die Schultern entspannen, sein Herz erweichen und seine Augen sanfter werden lassen kann, wenn er innerlich auf den Menschen blickt, mit dem er derzeit noch Probleme, sprich Urteile, hat. Würde uns dieser Schritt ganz tief gelingen, wären wir wahrhaft bei der Nächstenliebe angelangt.

Die Maskengarderobe öffnet sich

Schwiegermutter Hilde (57) kam als sechstes von acht Kindern zur Welt. Durch die schweren Nachkriegszeiten kennt sie aus der Kindheit vor allem das Bild, dass alle arbeiten und wenig Zeit für Einzelne ist. Da noch dazu ein Kind vor ihr verstorben war, erlebt sie als Kind anstatt Freude und Verbundenheit viel Schwere und Einsamkeit. An diese Gefühle können Menschen sich meist nicht erinnern, sie werden verdrängt. Ebenso wie die *inneren Überzeugungen,* die in solchen Zeiten entstehen: Ich bin gleichgültig. Ich bin verkehrt. Ich bin nicht liebenswert. So entsteht eine Maske, eine Schicht, die den wahren Wesenskern unsichtbar macht: Unsere Psyche trifft eine innere Entscheidung, um diesem Schmerz nicht mehr so gnadenlos ausgeliefert zu sein. Diese Entscheidung lautet hier: Ich brauche keine Zuwendung, ich brauche keine liebevolle Verbundenheit.

Sobald ein Kind diese Entscheidung innerlich und unbewusst getroffen hat, sind der Schmerz und die schmerzlichen Überzeugungen über uns selbst nicht mehr fühlbar. Eben darum wird so eine »psychische Entscheidung« getroffen – als Schutz und Überlebensstrategie. So eine Entscheidung, so eine Maske gibt Kraft und macht scheinbar stark. Stolz und Unabhängigkeit haben sich entwickelt. Dahinter bleiben aber der Schmerz und die Sehnsucht zurück, die Sehnsucht nach Verbundenheit, gemeinsamer Leichtigkeit und Liebe.

Hilde verhält sich in dieser Welt nun so, wie die Maske ihr vorgibt zu sein. Nicht nur ihre Mitmenschen, sondern auch sie selbst glaubt an ihre Maske. Sie hält nichts von »Gefühlsduselei«, ist der Meinung, dass manche Menschen einfach zu empfindlich seien. Herzlich miteinander feiern vermeidet sie unbewusst, indem sie immer etwas zu tun hat und die Gäste versorgt. Im Alltag wirkt sie auf andere unerreichbar und unnahbar. Logisch, denn in ihr wirkt die innere Schutz-Überzeugung aus alter Zeit: Ich brauche keine liebevolle Verbundenheit. Andere brauchen das vielleicht, ich nicht. Ich bin glücklich in mir.

Diese Maske wieder abzulegen würde bedeuten, sich dem tiefen Schmerz zu stellen, der dahinter ist. Er ist unmittelbar dahinter und kommt dort zum Vorschein, wo eine Maske auch nur angehoben wird. Dieser Schmerz, der so unerträglich war, dass man sich deswegen diese Schutzschicht zulegen musste. Ebenso würden die tieftraurigen Überzeugungen fühlbar werden wie »Ich bin verkehrt«, »Keiner sieht mich, wie ich wirklich bin«, »Niemand liebt mich wirklich«. Wer auf tiefen Entwicklungswegen ist, weiß, wovon ich hier spreche. Ein Barfußgang über Dornen ist oft leichter. Aber natürlich nicht so reich belohnt wie bei jemandem, der diesen befreienden Weg zurück nach innen geht.

Was geschieht nun durch die Mitmenschen, die solche Masken und Schichten nicht wahrnehmen können – die sozusagen »maskengläubig« sind? Sie urteilen. Das Umfeld von Hilde könnte ihr viele negative Eigenschaften zuschreiben: hart, herzlos, desinteressiert, unnahbar, gleichgültig, verachtend, oberflächlich usw. Ist das nach Einblick in ihre Schichten nun die wirkliche Wahrheit? Sind wir nicht selbst oberflächlich und verachtend, wenn wir nur auf die Maske blicken? Alle Urteile von oben gelten in diesem Fall auch für uns selbst. Sie sind ein Spiegel unserer selbst.

Urteile sind ein Spiegel unserer selbst.

Sie sollten jedoch die Einblicke hier nicht nutzen, um nun an Ihren Mitmenschen herumzudeuten oder diese zu analysieren. Wenn dies nicht Ihr Beruf und Ihr direkter Auftrag von einem Menschen ist, wird das Deuten und Analysieren zu einer Grenzübertretung und Sie können mit vehementen Widerständen rechnen. Die Einblicke hier sollen nur dazu dienen, einen stillen Abstand im Herzen zu gewinnen und aus diesem Abstand das Wahre, Liebenswerte in Ihren Mitmenschen wieder sehen oder ahnen zu können.

Peter (43) ist Abteilungsleiter und der typische Karrieremensch. Seine Schwiegereltern und auch andere Mitmenschen erleben und beurteilen ihn oft als »Wichtigtuer«, als zu dick auftragend, wenn es um ihn und sein Leben geht. Ein Angeber, um noch härter in den Urteilen zu werden. Überall zieht er die Aufmerksamkeit auf sich und seine »zu lauten« Erzählungen, in denen meist er selbst die Hauptrolle spielt.

Was all diese Menschen nicht sehen können, ist, was hinter dieser Maske ist. Ein Schrei danach, gesehen zu werden. Ein tiefes Bedürfnis nach Wertschätzung.

Peter hat als Kind vor allem eines von seinen Eltern gelernt: Zuwendung erhältst du nur über Leistung. Stets wurde er mit anderen Kindern verglichen, mit deren Begabungen und Leistungen. Mit manchen aus sozial nicht so hochgestellten Familien sollte er nicht einmal spielen. Er erlebte also nie entspannte Ebenbürtigkeit und damit Verbundenheit. Entweder war er schlechter oder besser, Verlierer oder Gewinner. Er lernte, Lob und Wertschätzung für Leistung mit Liebe, dem Lebenselixier jedes Wesens, zu verwechseln. Eine innere Überzeugung aus dieser Zeit lautet dementsprechend: »Ich muss viel leisten, um geliebt zu werden.« Dies beinhaltet auch die noch tiefere und traurige Überzeugung und Botschaft: »Ich bin nicht liebenswert nur um meiner selbst willen. Nicht ich bin wertvoll und wichtig, sondern das, was ich hervorbringe und leiste.«

Und nun sitzt er mit 43 Jahren immer noch am Familientisch und schreit nach Liebe – nur niemand hört es und kann sie ihm geben. Er selbst würde dies nicht sehen wollen, denn auch er glaubt wiederum an seine Maske. Leider wiederholt er dadurch permanent seinen alten Schmerz. Den inneren Rückzug seines Umfeldes, die stummen inneren Urteile der teils genervten Zuhörer, das Augenrollen mancher Anwesenden, wenn er kurz den Raum verlässt, nimmt sein Unbewusstes sehr wohl wahr und bestätigt ihm wieder: »Ich bin nicht geliebt, so wie ich bin.«

Auch das ist eine schmerzliche Wahrheit des Lebens: Das Verhalten, das aus unseren Masken und unbewussten Überzeugungen entsteht, führt immer wieder zu den alten, schmerzlichen Ur-Erfahrungen. Diese Theaterstücke werden von Menschen oft zeit ihres Lebens auf den verschiedensten Bühnen vor den verschiedensten Kulissen aufgeführt. In Beziehungen, mit Nachbarn, am Arbeitsplatz, im Verein, wo auch immer wir sind – wir haben uns selbst und unsere Geschichte mit dabei. Und die hält uns das Leben immer wieder vor die Nase. Weglaufen geht nicht. Aber stehen bleiben, hinschauen!

Peter würde es schon helfen, wenn einer in der Runde innerlich still eine Verbindung mit seinem Herzen aufnimmt und hinter all seinen aufgeblasenen Ausführungen den liebenswerten Jungen in ihm sanft anschauen würde – als würde er ihn stillschweigend liebevoll freisprechen, seine Liebenswürdigkeit durch Leistung beweisen zu müssen. Wenn jemandem dies in tiefem Mitgefühl, nicht Mitleid (!), als neue innere Grundhaltung im Herzen Peter gegenüber gelingt, wird sich Peter für diesen Menschen wundersam verwandeln. Weil die Seele die Wellen der Zuwendung fühlt, nach denen sie sich sehnt – und damit würde das bis jetzt erfolglose Streben nach liebevollen Schwingungen überflüssig werden.

Katrin (34) ist verheiratet und zweifache Mutter. Ihr Mann und dessen Eltern dulden mehr oder weniger ihre Wesensart, wirklich achten können sie Katrin nicht. Urteilend gedacht und gesprochen erleben sie Katrin als »unerwachsen, überdreht, aber auch egoistisch, rücksichtslos und zudem empfindlich«. Das ist der urteilende Blick auf das vordergründige Verhalten – die Maske.

Katrin erlebte in der Kindheit eine aus ihrer eigenen Geschichte tief belastete Mutter. Sie machte es wie all die liebenden Kinder in dieser Welt, die mit ihren feinfühligen Antennen so etwas wahrnehmen: Sie begann früh, sich für die Gefühle der Mutter verantwortlich zu fühlen, nahm sich zurück und wollte möglichst »keine zusätzliche Belastung« für diese sein. Das bedeutet auch, dass Wut, Trauer, Hilflosigkeit und derartige Gefühle verdrängt wurden, um die Mutter damit nicht zu belasten. Die Maske wurde so zu einem Auftrag: »Ich bin der Sonnenschein. Ich bin immer gut drauf und lustig.« Dahinter sitzt jedoch der Schmerz, in seiner eigenen Bedürftigkeit nicht gesehen worden zu sein, und auch die Überlastung, für das Glück der anderen zuständig zu sein.

Nun ist sie selbst Mutter. Katrin ist jedoch stets »die Lustige« geblieben und geht gerne aus, feiert und belustigt ganze Tischgruppen. Sie folgt immer noch ihrem früh gelernten Auftrag, der Sonnenschein für andere zu sein. Die Hilflosigkeit und Traurigkeit hinter dieser Maske nimmt sie selbst nur selten und blass wahr als innere Leere, als Langeweile oder als Frage nach Sinnhaftigkeit im Leben – dann kommt meist der nächste Schritt, schnell wieder Party zu machen und die Sonne aufgehen zu lassen. Ein anstrengender und auch trauriger Weg!

Was nun im Leben als direkte Verantwortung, sei es vom Mann oder den Schwiegereltern, übertragen wird, lehnt Katrin unbewusst ab – die Altlast genügt. So braucht sie mehr Freiraum als andere junge Mütter, wünscht sich mehr Spontaneität und Autonomie als andere. Und vielleicht sagt auch ein Teil in ihr: »Ich habe auf so viel verzichtet – nicht schon wieder!« So reagiert sie oft auch »empfindlich«, wenn ihr jemand aufgrund Verantwortung Freiräume absprechen möchte.

All das sieht ihr derzeitiges Umfeld nicht. Es achtet nicht die Geschichte in ihr und ihre dadurch entstandenen Bedürfnisse und Wesenszüge. Urteile fällen ist leichter, als still Abstand zu nehmen und jemanden so zu achten und zu lieben, wie er geworden ist. Für diesen Vorgang müssen wir nicht wissen, was die Geschichte eines Menschen ist. Fest steht: Der Mensch ist so, wie er am besten seine Geschichte überleben konnte. Und hätten wir die gleiche Geschichte, würden wir denken und handeln wie er – oder in diesem Fall wie sie.

Die Maske eines Menschen ist das Ergebnis seiner Vergangenheit.

Ich belasse es bei diesen drei Beispielen. Vielleicht können Ihnen diese Einblicke schon helfen, immer wieder Abstand zu Ihren Urteilen zu gewinnen, die Sie bisher, wenn auch vielleicht nicht bewusst, über einen Menschen gefällt haben. Auch wenn Sie nie erfahren werden, was der Hintergrund und die genaue Zusammensetzung seiner Maske ist – verneigen Sie sich innerlich still vor der Geschichte und allen weltlichen Bedingungen, die dieser Mensch erfahren hat. Und wissen Sie dahinter das wahre, weiche, liebenswerte Wesen. Diese stille Übung trägt Frieden in Ihr Herz. Und manchmal geschehen wundersame Wandlungen als Geschenk.

Warum wir lieben, wen wir lieben, und warum die Schwiegereltern immer genau die Richtigen sind

Wie wir schon am Beispiel von Steffi, der Motivationstrainerin, Manfred, dem Mechaniker, und Manfreds Eltern vom Bauernhof sehen konnten, spiegelt uns unser Umfeld, die Welt »da draußen«, immer etwas von uns selbst wider. In Wahrheit ist die Welt, die wir erleben, ein Spiegel unseres inneren Bewusstseins. Ein Resultat aller unserer Überzeugungen, Erfahrungen und Prägungen. Das zeigen auch die lebensgeschichtlichen Zusammenhänge der Personen aus den Fallbeispielen. Dieses Phänomen hat keinen esoterischen Hintergrund, den wir glauben oder nicht glauben. Aus der Beobachtung heraus ist es in jeder psychologischen Linie definitiv Fakt: Wenn wir uns, unsere Wahrnehmung, unsere Interpretationen, unsere inneren Muster, unsere Reaktionen, unser Verhalten ändern, ändert sich die *gesamte Welt um uns!**

Hier ist wichtig zu verstehen, dass unsere Partnerwahl ebenso kein Zufall ist wie auch das Sosein und die Beziehungen zu den Schwiegereltern. All das ist geführt von höherer Instanz. Das Leben, der Kosmos, Gott, oder wie auch immer Sie es nennen möchten, kennt unsere Masken und kennt unser wahres Wesen darunter. Was macht das Leben, die Welt mit Masken? Es rüttelt immer wieder daran. Egal durch wen, egal durch was. Das Leben selbst berührt immer genau die alten Wunden und Überzeugungen in uns Menschen, die wir vermeiden möchten. Weil

* Wenn Sie sich weiter mit Bewusstseinsfragen und geistigen Prinzipien in dieser Welt beschäftigen wollen, sind Sie herzlich eingeladen, kostenfrei E-Books auf unserer Website www.unsereseminare.de herunterzuladen und auch unser Buch *Spirituelle Lebensimpulse* über uns zu bestellen.

das Leben will, dass wir wieder so aufblühen, wie wir im Ursprung wirklich sind. Das ist die Weisheit des Lebens. Aber auch »die Härte« des Lebens, wenn wir diesen wohlwollenden Mechanismus des Kosmos nicht durchschauen.

Armins Schwiegereltern und das Schicksal seines Großvaters

Wenn wir uns die Verflechtungen von Paaren in Therapien anschauen, Erlebnisse eines Einzelnen in dieser Welt anhand seiner Lebensgeschichte betrachten, uns Beziehungsgeflechte zwischen Eltern und Kindern therapeutisch ansehen, können wir immer deutlich erkennen, dass sich Ereignisse und Erfahrungen wiederholen, solange ein Thema dahintersteckt, das noch nicht gelöst wurde.

Schwiegerväter, die von einem eigenen Kind oder dem Partner dieses Kindes abgelehnt und ausgegrenzt werden, tragen aus ihrer Geschichte eine tiefe Wunde aus Ablehnung und Ausgrenzung in sich. Sei es mit einem eigenen Elternteil oder einer anderen Bezugsperson. Oder sie grenzen selbst innerlich einen Elternteil oder ein eigenes, vielleicht abgetriebenes Kind aus. Wer keine Wunde in Bezug auf Ausgrenzung hat und auch selbst nichts in seinem Herzen ausgrenzt, kann keine Ausgrenzung erfahren! Das Leben macht keine Fehler. Der goldene Schlüssel liegt also auch hier im eigenen Herzen.

Wer keine Wunde in Bezug auf Ausgrenzung hat, erfährt keine Ausgrenzung.

Schwiegersöhne oder -töchter, die sich von den Eltern oder Schwiegereltern bedrängt oder bedroht fühlen, tragen eine entsprechende Wunde in sich. Wer Grenzen übertretende Menschen anzieht, hat eine Resonanz zu eben diesem schmerzlichen Thema. Sei es erlebte Gewalt, Missbrauch emotionaler oder körperlicher Art oder ein massives Trauma, wie etwa eine lebensbedrohliche Grenzüberschreitung. Gestalten Sie hier jetzt bitte keine Phantome und denken sich die schlimmsten Dinge über Ihr Leben aus. Aber akzeptieren Sie, dass alles, was von außen da ist, etwas mit Ihnen und Ihrer Geschichte, vielleicht auch der weiten Familiengeschichte zu tun hat. Zumindest wenn eine Situation Sie wirklich an Grenzen bringt und emotional viel bei Ihnen bewirkt.

Bevor ich ein erschütterndes Beispiel aus einem Seminar mit Familienaufstellungen bringe, möchte ich kurz etwas über diese Art von Arbeit erklären. In Familienaufstellungen werden anhand der anderen Seminarteilnehmer stellvertretend gewisse Aspekte der eigenen Familie oder Partnerschaft repräsentiert. Man wählt also Repräsentanten beziehungsweise Stellvertreter für die Personen, die im Konfliktzusammenhang stehen. Diese Repräsentanten werden im Raum aufgestellt, mit entsprechenden Blickrichtungen und Entfernungen – so wie es der Mensch fühlt, der an dem Thema arbeiten möchte. Daraus entwickelt sich dynamisch etwas, das bald mehr als ein Rollenspiel ist. Die repräsentierenden Personen tauchen tief in das Feld dieser Familie ein. Dabei spiegeln sie in erstaunlicher und berührender Präzision die Dynamik der aufgestellten Familie oder Partnerschaft wider. Sichtbar und fühlbar werden dabei vor allem auch unbewusste und bisher meist nicht bedachte Aspekte. Auch für bestimmte Symptome wie Krankheiten, Ängste oder wie gleich im folgenden Beispiel für besondere Emotionen kann eine Person gewählt werden, um dann Zusammenhänge zu dem tieferen Hintergrund zu finden. So gelingen in Familienaufstellungen oft tief greifende Einsichten und überraschende Lösungen für die Anliegen der Teilnehmer.

Hier also das Beispiel: Armin (45) kam auf ein Familienaufstellungsseminar, weil er extrem emotional auf seine Schwiegereltern reagierte und dies lösen wollte. Er erlebte diese als einmischend und grenzübertretend und reagierte darauf mit einer Wut und heftigen körperlichen Symptomen wie Herzrasen. Wir befragten ihn zu Ereignissen in seiner Herkunftsfamilie und erhielten eine wesentliche, möglicherweise im Zusammenhang stehende Information: Sein Großvater war nach Verrat in einem KZ schikaniert und umgebracht worden.

Aufgestellt wurden zuerst über Repräsentanten Armin selbst, seine Schwiegereltern und eine Person für seine extremen Gefühle und Reaktionen. Als später ein Stellvertreter für seinen ermordeten Großvater hinzugestellt wurde, zeigte sich sofort, dass Armins Gefühle dorthin gingen und dort auch ihren tiefsten Ursprung hatten. Wir sehen in Familienaufstellungen, dass traumatische Erfahrungen im Familiensystem, die nicht wirklich verarbeitet wurden, auch in späteren Generationen wieder erscheinen und fühlbar werden – dann jedoch anhand von »Kulissen«, die die Intensität der erlebten Gefühle oft nicht wirklich erklären können. Die nicht verarbeiteten Emotionen einer Familie verschieben sich innerhalb der Familie: von Eltern auf Kinder und oft bis in die Enkelgenerationen.

Diese massive Wunde aus Grenzübertretung, Verachtung und Bedrohlichkeit im eigenen Familiensystem führte hier zu einer extremen Empfindsamkeit bei Armin, was Selbstschutz durch eigene Grenzen angeht. Jede Einmischung in sein Leben oder verminderte Wertschätzung wurde von ihm unbewusst als lebensbedrohlich erlebt – wie bei seinem Großvater. Nachdem Armin heftig schluchzend seinen Großvater umarmte und sein Schicksal tief würdigte und ins Herz nahm, entspannte sich die Person, die vorher seine extremen Gefühle repräsentierte. Mit Worten sind diese Vorgänge nicht wirklich zu beschreiben. Seit dieser Aufstellung gelingt es Armin weit besser, sich ruhig abzugrenzen, sich nicht so schnell angegriffen zu fühlen und vieles mehr.

Unsere Masken und Wunden sind also auch dadurch bedingt, was *vor* uns erlebt wurde. Daran führt in der ganzheitlichen Psychotherapie kein Weg mehr vorbei. Also suchen Sie den goldenen Schlüssel in sich: Warum ist so eine Situation, so ein Mensch in Ihrem Leben so präsent? Und was macht das mit Ihnen? Was gilt es zu heilen und zu lernen?

Wenn Frauen sich immer in Männer verlieben, die auf eine gewisse Weise dann abwesend und nicht zu haben sind, tragen diese Frauen ein Urmuster in sich und damit auch einen alten Schmerz, der sie immer zu solchen Männern seelisch hinzieht. Ebenso verhalten sie sich unbewusst in einer Art, die so eine Dynamik unterstützt und damit wiederholt. Oft ist die Ursache ein fehlender, früh verstorbener oder nicht erreichbarer Vater im ursprünglichen Familiensystem. Liebe ist hier also kein zufällig eintreffender Pfeil Amors, sondern die Wiederholung von Schmerz im unbewussten Wunsch und unter der Führung höchster Weisheit, dass diese alte Wunde in unserem Herz endlich heil werden kann.

Männer, deren Erfahrung mit Frauen ist, dass sie scheinbar nie gut genug für sie sind, und dass Frauen immer als nicht zufrieden erlebt werden, tragen eben genau so ein Muster in sich, das diese schmerzhafte Erfahrung wiederholt. Wohlgemerkt *wiederholt*. Die Wurzel liegt immer in der Vergangenheit. Dort hat sich das Gefühl, nicht zu genügen, zu versagen, überlastet zu sein usw. oft über Jahre hinweg im Herzen eingespurt. Diese Wunde führt solche Männer immer wieder zu Frauen, mit denen sie diese Erfahrung wiederholen. Ebenso ist unsere Wahrnehmung durch unsere Erfahrungen selektiv begrenzt – Männer wie Frauen nehmen vor allem das wahr, was sie im Innersten über das eigene und das andere Geschlecht glauben und was im Innersten schmerzt.

Um diese Themen in sich zu berühren, werden nun alle nahestehenden Personen, von Schwiegereltern bis

Ehepartner, unbewusst angezogen, gewählt. Fast alle machen aber den Fehler, den Partner oder auch seine Eltern beziehungsweise die junge Generation als das Problem anzuschauen: »Wärst du da eben nicht so, sondern so, würde es mir gut gehen mit dir, dann wäre ich glücklich, erleichtert, entspannt ...« Oder was auch immer. Ebenso können wir natürlich auch mit den Schwiegereltern oder einem Schwiegersohn verfahren.

Das ist die Sichtweise, die uns Groll produzieren lässt, Gefühle des Besserseins. Es ist die Sichtweise, die uns langsam, aber sicher vom anderen isoliert und trennt – und damit auch von der Chance, selbst ein Stück heiler zu werden an diesem Menschen.

Der Partner oder die Schwiegereltern als Trainer

Sie können sicher sein, es ist immer der oder die Richtige an Ihrer Seite oder Ihnen gegenüber. Es ist der Mensch, der Sie heil werden lassen kann, wenn Sie bereit sind, den inneren Prozess und Weg der Heilung zu gehen. Sie können es sich sogar wie eine Verabredung vorstellen: wie wenn ein Trainer Ihnen verspricht, in Ihr Leben zu treten, um Ihnen behilflich dabei zu sein, sich wieder selbst zu heilen und zu Ihrem wahren Wesenskern zurückzufinden. Dafür verspricht der »Trainer« sogar, dass er nicht aufhören wird, die notwendigen Themen in Ihnen zu berühren – auch dann nicht, wenn Sie ihn beschimpfen, ändern oder verlassen wollen. Und er wird dafür auch die passenden und notwendigen Schwiegereltern, seine Cotrainer, für Sie mitbringen. Das hat den Vorteil, dass sich

Viele Paare verlegen einen Konflikt nach außen auf die Eltern oder Schwiegereltern.

die Themen zur Entlastung aller etwas verteilen können. Die Beziehung wird auch etwas geschützt, indem Themen dann nach außen zu den Schwiegereltern verlegt werden und dort bearbeitet werden können. Das ist auch ein Clou der Psyche: Viele Paare verlegen einen Konflikt nach außen auf die Eltern oder Schwiegereltern – bei genauerer Betrachtung sind die Themen innerhalb der Beziehung aber auch vorhanden, nur oft nicht so klar erkennbar und belastend. So wird dann quasi die intensivste Außenstelle zu Trainings- und Heilzwecken angepeilt.

In dem Moment, als ich den Satz über die »passenden« Schwiegereltern schrieb, rief meine Schwiegermutter bei mir an und ich fühlte tiefe Verbundenheit zu ihr. Und tiefe Dankbarkeit, dass sich unsere Beziehung so entspannt hat, nachdem die notwendigen Heil- und Wachstumsprozesse stattgefunden hatten. Nichts ist Zufall, alles steht in Resonanz.

Ihr hier so bezeichneter Trainer ist also so herzenstief engagiert und motiviert, dass er bei seinem Auftrag bleibt. Auch wenn er selbst dafür Ausgrenzung, Abwertungen, Angriffe und Schmerzen durch Sie zu ertragen hat. Und umgekehrt sind Sie sein bester Entwicklungstrainer. Mit absoluter Präzision berühren Sie durch Ihr Sosein genau die Themen in Ihrer Partnerin oder in Ihrem Schwiegerelternteil, die zu Verkrustungen im Herzen geführt haben und damit Lebensenergie und Lebensfreude kosten.

Alternativ gibt es in der Höhle der gegenseitigen Verletzungen nur zwei Ausgänge, durch die Licht scheint. Der Hauptausgang ist, eigenverantwortlich in Ihren Gefühlen zu werden und alte Wunden in sich selbst zu heilen – sonst verhalten Sie sich bei Berührung dieser Wunden so, wie es die Natur in uns angelegt hat: Entweder gehen Sie in Angriff und Verletzung, sie flüchten und weichen der Beziehung aus oder erstarren innerlich und resignieren still. Oder Sie wechseln innerhalb dieser drei Möglichkeiten. Diese drei Verhaltensarten auf Bedrohung hat uns die Natur mitgegeben, Tiere haben nur diese. Menschen jedoch können sich bewusst weiterentwickeln. Der zweite Ausgang: Wenn Sie Bewusstheit entwickeln, werden Sie in sich fühlen können, zu welchem Verhalten Sie einem anderen Menschen gegenüber neigen. Die Ausstrahlung und Geschichte eines Menschen wirkt nämlich direkt und unbewusst auf unser Verhalten diesem gegenüber – auch wenn es uns zu einem Verhalten verleitet, das zu Leiden führt. Wenn Sie so bewusst werden, dass Sie das wahrnehmen können, sind Sie frei von dieser unsichtbaren, zugrunde liegenden Dynamik. Das bedarf aber viel Selbstheilung, Übung und hellwache, urteilsfreie Präsenz.

Die Ausstrahlung und Geschichte eines Menschen beeinflusst direkt und unbewusst unser Verhalten ihm gegenüber.

Alte Wunden kosten so viel im Leben. Um sie verdrängt zu halten im nicht fühlbaren Bereich, benötigen wir genauso viel Energie, wie in dem verdrängten Gefühl und den verdrängten Erfahrungen enthalten ist – und all das fehlt uns in unserer Vitalität, in unserem Enthusiasmus, in unserer Tatkraft und Begeisterung fürs Leben. Beobachten Sie kleine Kinder, da sehen Sie unseren wahren Wesenskern noch etwas klarer!

Sie haben einen »Trainer« in Ihrem Umfeld, der extreme Gefühle in Ihnen weckt? Vielleicht Zorn, Überforderung oder Schuldgefühle? Jemanden, der Sie an Grenzen bringt, Ihnen eigene Themen unangenehm klar vor Augen führt? Dann bedenken Sie: Wir können nichts in einem Menschen wecken, was nicht auch schon in ihm vorhanden wäre. Da ist gerade tiefe Heilung in Ihnen möglich, eben durch diesen Menschen, eben durch diese Situation, in der Sie sich befinden. Und wenn Ihnen die Heilung der Themen und dazugehörigen Emotionen gelingt, werden Sie bemerken, in wie vielen anderen Lebenskulissen sich das ebenfalls positiv bemerkbar macht – in wie vielen anderen Situationen dieses Thema sich also bisher in Ihrem Leben auch belastend und blockierend auswirkte!

Natürlich sei hier dringend darauf hingewiesen, nicht im Zorn oder Hass zu verweilen. Solche Emotionen könnten Sie früher oder später krank machen. Heilsam ist nur der Moment, da so eine Emotion aus der Verdrängung auftaucht. Da wird bisher verdrängte Lebensenergie frei! Nach einer gewissen Zeit ist es jedoch wiederum wichtig, sich den tieferen Schichten hinter der Wut zu stellen – also welchen Schmerz berührt dieser Mensch in Ihnen, welchen alten Schmerz? Oder weckt er Schuldgefühle in Ihnen? Seien Sie gewiss, dass es keine frischen, sondern letztlich alte Gefühle sind. Ebenso können Sie sich über all Ihre Urteile bewusst werden, die Sie da permanent über diesen anderen fällen – in späteren Kapiteln können Sie einen Blick an den Urteilen vorbei auf eine tiefere Wahrheit hin erlernen. Wenn Sie den Schmerz und dessen Ursprung in sich finden, ihn fühlen, da sein lassen und umarmen in sich, werden Sie auch wieder weich und entspannt auf den Menschen schauen können, der Sie dahin führte. Dann können Sie sogar Dankbarkeit entwickeln, dass dieser Mensch Sie so in die Entwicklung zwang. Auch einen Konditionstrainer könnten wir manchmal »auf den Mond schießen«, bis wir eindeutige Fortschritte und Früchte seiner Arbeit an uns erkennen. Begrüßen Sie also die Trainer Ihres Lebens und danken Sie, dass diese da sind.

Susanne: Die Freikämpferin für Mann und Leben

Susanne und Richard sind seit vier Jahren verheiratet und haben eine gemeinsame Tochter. Seit zwei Jahren gibt es jedoch keine Familienbegegnungen mehr im größeren Kreis – Susanne und die Mutter Richards sind so zerstritten, dass sie sich gegenseitig meiden. Würde man beide einzeln befragen, wäre wahrnehmbar, dass weder die eine noch die andere mit der Situation wirklich glücklich ist, aber eben kein anderer Weg für die Beteiligten denkbar sei.

Der Konflikt entstand wie so oft schleichend. Anfangs waren die beiden sogar so etwas wie Freundinnen. Mit der Zeit störte Susanne jedoch, dass die Schwiegermutter in vielen Bereichen, die das Ehepaar betrafen, ein deutliches Wort mitsprach und bei den beiden, war sie zu Gast, oft schnell eine dominante Rolle in deren Heim einnahm – vom Arbeitsfeld in der Küche bis zu den Tischgepflogenheiten oder der Art, wie »man« Kleider zusammenlegt. Mit zunehmender Zeit nahm Susanne die Gegenwart ihrer Schwiegermutter regelrecht die Luft. Susanne hatte das Bedürfnis nach Autonomie, die Dinge also selbstständig in ihrer eigenen Art und Weise und Reihenfolge zu erledigen und selbst ihre Prioritäten im Leben mit ihrem Mann setzen zu dürfen.

Wertschätzung des Stils und damit auch der Wunsch nach Entspannung sind Bedürfnisse, die hier im Zusammenhang stehen. Da Susanne sich diese Bedürfnisse in Gegenwart ihrer Schwiegermutter nicht erfüllen konnte, entstanden in ihr Spannungen und Frust. Jeder Ärger in uns deutet auf nicht erfüllte Bedürfnisse in uns hin, über die wir uns jedoch selbst meist gar nicht so klar sind.

Jeder Ärger in uns deutet auf nicht erfüllte Bedürfnisse in uns hin.

Als erste Unmutsäußerungen von Susanne an die Adresse der Schwiegermutter ausgesprochen wurden, war bereits so viel Konfliktpotenzial angestaut, dass die Situation eskalierte. Die Schwiegermutter fühlte sich tief gekränkt und nicht gesehen in ihren Bemühungen für die beiden, sie hatte es doch »immer nur gut gemeint«.

Gewiss ist die Wortwahl »Sag mal, musst du dich eigentlich in alles einmischen?« nicht sonderlich gut geeignet, ein klärendes Gespräch zu beginnen. Hier wollen wir jedoch noch nicht auf das Thema Kommunikation eingehen, sondern hinter die Kulissen dieser Dynamik zwischen Frau und Schwiegermutter blicken.

Rangfolge, Ordnung und die Würdigung des Kreises

In jeder Familie und in jedem Menschen sind gewisse Grundordnungen wirksam. Leben wir an diesen Ordnungen vorbei, entstehen Konflikte und wir erschweren uns das Leben. Bringen wir uns in Einklang mit diesen Ordnungen, entspannt sich das Leben und unser Umfeld.

Eine wichtige Ordnung besagt, dass derjenige Vorrang hat, der eher da war. Das bedeutet, dass Eltern, Großeltern usw. Vorrang haben vor den Kindern. Dass die Kinder sich also selbst in Schwierigkeiten bringen, wenn sie sich über ihre Eltern und deren Lebensweise stellen und darüber urteilen. Eine achtsame Grundhaltung den Älteren gegenüber wird übrigens in allen Religionen mit unterschiedlichen Worten nahegelegt. Auch steht es Kindern aus dieser Ordnung heraus nicht zu, sich in das Leben, die Beziehung oder in gewisse Ereignisse im Leben der Eltern einzumischen. Wenn sie es tun, können wir leicht sehen, dass das Leben selbst dann früher oder später die Folgen dafür deutlich präsentiert.

Wichtig: Hier ist nicht von Unterwürfigkeit, schmerzhafter Anpassung oder blindem Gehorsam die Rede. Auch nicht davon, dass wir als Erwachsene nach der Pfeife der Eltern zu tanzen haben – nur davon, eine stille Grundachtung vor unseren Eltern und deren Geschichte einzunehmen, in die wir uns nicht stellen dürfen. Wir sehen oft in Seminaren und Beratungen, wie oft Kinder, auch wenn sie inzwischen erwachsen sind, dies jedoch unbewusst tun und an Schwerem aus der Geschichte der Eltern mittragen möchten. Sie tun dies aus Liebe, gewiss. Und doch brechen sie dadurch eben diese Ordnung und gestalten so eigenes Leid.

Die Ordnung des Vorrangs gibt auch Kindern in ihrer Reihenfolge ihren Platz. Das erste Kind hat einen anderen Platz im System als das fünfte. Und wieder geht es hier nicht um eine Bewertung. Das fünfte ist genauso wertvoll, geliebt und wesentlich wie das erste Kind – verhält es sich in der Familie jedoch so, als wäre es anderen vorgeordnet, sei es den Geschwistern oder einem Elternteil, bewirkt diese Verletzung der Ordnung des Vorrangs Spannungen. Disharmonien weisen uns immer den Weg zur Ordnung.

Disharmonien weisen den Weg zur Ordnung.

Diese Ordnung wirkt auch in sogenannten Patchworkfamilien. Bringt also eine Frau Kinder mit in eine neue Partnerschaft, dann haben die Kinder und damit die Mutterschaft hier Vorrang vor dem neuen Mann und der Partnerschaft. Denn die Kinder waren eher da. Versucht der Mann, die Nummer eins zu sein, und fordert er von der Frau direkt oder indirekt, die Partnerschaft mehr als die Mutterschaft zu gewichten, wird er den Zugang zu den Kindern und letztlich auch die Partnerin verlieren – oder beide verlieren in der Beziehung. Den Zugang zu den Kindern erhalten er und die neuen Schwiegereltern ohnehin nur, wenn sie den leiblichen Vater der Kinder wirklich achten und sich nicht anmaßen, seinen Platz und den der leiblichen Großeltern ersatzweise zu füllen.

Anders ist es bei einer selbst gegründeten Familie und eigenen Kindern. Hier ergibt sich aus dieser Ordnung interessanterweise, dass die Partnerschaft Vorrang hat vor der Elternschaft. Mann und Frau begegnen sich, werden zu einem Paar. Daraus wird später, wenn sie Kinder bekommen, die Elternschaft – eher da war jedoch die Partnerschaft. Viele machen dann aus Unkenntnis dieser Ordnung den Fehler, der Elternschaft und damit den Kindern den Vorrang zu geben vor der Partnerschaft und dem Partner.

Natürlich hat das viel mit Wohlwollen und Liebe für die Kinder zu tun, aber es bringt auf Dauer eben Probleme mit sich. Denn dadurch können Kinder sowohl für die Eltern zu einem mehr trennenden als verbindenden Element werden, als auch selbst dadurch schwer belastet werden. Kinder lasten sich ein Scheitern oder Opfern der Familienqualität unbewusst meist selbst an und machen es sich später im Leben dann selbst schwer, als Sühne für diese unbewusst geglaubte Schuld. Viele junge Familien scheitern an einem Bruch dieser Ordnung oder büßen erheblich an Qualität und Verbundenheit in der Familie ein, sei es gegenüber dem Partner als auch gegenüber einem Kind, das dem Ehepartner vielleicht näher ist als man selbst.

Den Kindern tun Sie damit keinen wirklichen Gefallen. Kindern geht es dann gut, wenn es den Eltern gut geht. Ebenso ist erwiesen, dass nicht die Zeit, sondern die Intensität der Begegnung für Kinder nährend ist. Ein Kind hat also mehr von zwei Stunden, die Sie in Begeisterung und voller Zuwendung mit ihm verbringen, als von acht Stunden, die es nur »mitläuft«, während Sie alles Mögliche erledigen. Die Krönung der falschen Rechnung zeigt sich leider oft darin, dass den Kindern gewiss nicht geholfen ist, wenn sich ein paar Jahre alles nur um sie dreht und sich die Eltern dann trennen.

Kindern geht es gut, wenn es den Eltern gut geht.

Wieder würde ein Einklang mit dieser Ordnung mehr Kraft und Frieden bringen. Das Paar hat sich weiter fest im Blick, sorgt gut für sich, spricht gemeinsam darüber, was es braucht, um sich weiterhin verbunden zu fühlen, und wie entsprechende Zeiten für jeden Einzelnen zur Erfüllung seiner Bedürfnisse erhalten bleiben können. Und man schafft gemeinsame Räume, die einzig der Entspannung und Pflege der Paarbeziehung dienen.

Ich möchte hier jedem jungen Elternpaar ausdrücklich nahelegen, das hier Beschriebene zu beherzigen. Ein vorschnelles »Geht nicht, weil ...« ist begrenztes Denken. Wenn wir etwas in seiner Dringlichkeit erkannt haben und es zur Priorität für uns machen, gibt es auch einen Weg. Unterstützung durch eine Haushaltshilfe oder einen liebevollen Babysitter sind direkte Investitionen in die Familien- und Lebensqualität. Was nützt Ihnen in anderen Bereichen etwas Geld auf Ihrem Konto, wenn Sie dafür die Freude und Verbundenheit mit Ihren Lieben verlässt? Oder wenn gar die Beziehung in die Brüche geht? Trennungskosten sind meist deutlich höher als Unterstützungen. Oder organisieren Sie all das im Austausch – was brauchen Sie und was können Sie dem Helfer im Gegenzug bieten? Möglichkeiten gibt es hier viele. Sie müssen das Problem nur in seiner Dringlichkeit erkennen. Und machen Sie auch Schluss mit dem Klischee, dass solche oder eben bezahlte Unterstützung nur etwas für versnobte High Society wäre. Sie haben als junges Paar oder Eltern ein Bedürfnis nach Unterstützung, nach Spontaneität, nach Autonomie, nach Leichtigkeit? Dann nehmen Sie diese Bedürfnisse ernst, ohne für die Erfüllung nur auf den Partner, Ihre Eltern oder Schwiegereltern fixiert zu sein. Denn die können diese Bedürfnisse vielleicht gerade nicht erfüllen und brauchen selbst Entlastung.

Wo der Vorrang der Früheren nicht greift

Die Ordnung, dass Frühere Vorrang haben, greift in manchen Bereichen nicht, weil andere Ordnungen übergeordnet sind. So kann beispielsweise ein alter Schulfreund eines Mannes sich nicht dessen jetziger Partnerin oder Ehefrau vorgeordnet fühlen, nur weil er »eher da war«. Die Paarbeziehung hat mehr seelisches Gewicht, da diese im Sinne des großen Systems auch dem Erhalt der Menschheit und des Lebens dient. Verstößt der Freund gegen diese Ordnung, achtet er die Frau nicht oder stellt er sich gar gegen sie, verliert er seinen Freund, der sich aus der seelischen Ordnung heraus seiner Partnerin zuwenden wird – oder die Partnerin innerlich oder auch wirklich äußerlich verlieren würde.

In der Geschichte von Susanne gibt es noch einen wesentlicheren Wirkungskreis, in dem diese Ordnung ebenfalls nicht greift: *Wenn ein Kind eine eigene Familie gründet, hat dieses System Vorrang vor den Herkunftssystemen, also vor der eigenen Familie mit Vater, Mutter und allen, die dazugehören.* Denn dort, wo das Leben weitergeht, herrscht aus höchster Ordnung Vorrang. Wenn ich hier »aus höchster Ordnung« schreibe, bringe ich damit zum Ausdruck, dass all diese und noch viel mehr Ordnungen und Gesetzmäßigkeiten in der Seele des Menschen angelegt und wirksam sind. Ob wir diese Gesetze kennen oder an sie glauben, macht keinen Unterschied – die Wirksamkeit können Sie jedoch selbst unmittelbar erkennen und auch in Ihrem Freundes- und Bekanntschaftskreis beobachten.

Das heißt nun für die Eltern und Schwiegereltern, dass die jungen Familien ein Kreis umgibt, in den die Vorgeneration sich nicht stellen darf, wenn sie will, dass es gut weitergeht. Das heißt für das Paar, dass sich seine gesammelten Kräfte nun auf dieses neu entstandene System in ihrem eigenen Kreis richten sollten. Oft ist dies jedoch nicht möglich, da einer oder beide Partner noch in einer meist vollkommen unbewussten Bindung und »Verpflichtung« zu seiner Herkunftsfamilie stehen. Dieser Hintergrund war auch, wie wir noch sehen werden, bei Susanne und Richard wirksam und war der eigentliche Grund, warum Susanne sich

Die jungen Familien umgibt ein Kreis, in den sich Eltern und Schwiegereltern nicht stellen dürfen, möchten sie, dass es gut weitergeht.

gegen die Schwiegermutter stellte. Wir spüren auf einer inneren, unbewussten Ebene, welche Bindungen wirksam sind. So spürte Susanne unbewusst auch, dass Richard nicht frei ist von seiner Herkunftsfamilie. Gänzlich frei von unserer Herkunft können wir uns nicht machen, wie es Bert Hellinger so schön in die Worte fasst: »Eltern sind die einzige Firma, der wir nicht kündigen können.«

Für uns als Partner ist aber entscheidend, ob der Partner von seiner Herkunft lassen kann und gelassen wird – gelassen in seinen neuen Kreis – oder ob man an ihm festhalten möchte. Ist das Festhalten der Fall, ziehen Partner oft in den Kampf gegen die entsprechende Familie oder bestimmte Personen darin, weil sie durch die vorhandene Bindung den Weiterbestand ihres selbst gegründeten Systems in Gefahr sehen und diesen sichern möchten. So kann also die Liebe und Verbundenheit zu unserem Partner und unseren Kindern auch eine unbewusste Triebkraft für Konflikte mit einem Schwiegerelternteil sein.

Die Liebe und Verbundenheit zu unserem Partner und unseren Kindern kann eine unbewusste Triebkraft für Konflikte mit einem Schwiegerelternteil sein.

So erlebte Susanne die Präsenz ihrer Schwiegermutter mit der Zeit als bedrohlich. Richard hatte schon immer eine besonders enge, wenn auch nicht immer leichte Beziehung zu seiner Mutter. In der Pubertät hatte er sich sogar vehement seiner überfürsorglichen Mutter widersetzt. Spannenderweise hatte er in dieser Zeit dieselben Gefühle zu seiner Mutter, die Susanne nun zu ihr entwickelte. Richard vermied in der jetzigen Situation allerdings eine Konfrontation mit der eigenen Mutter, »sie ist eben, wie sie ist«.

Richard: »Ich trag es mit dir, Mama«

Susanne hatte also einen Kampf gegen eine übermäßige Bindung von Richard gegenüber seiner Mutter geführt – letztlich jedoch begründet aus dem Wunsch nach Sicherheit für die eigene Familie.

So ein Kampf kann sich natürlich auch von einem Mann gegen die Schwiegermutter oder den Schwiegervater richten – je nachdem, wo die Bindung im System so stark ist, dass es die junge Familie in ihrem Fortbestand schwächt und damit bedroht. Manchmal gelingt so ein Kampf zum Teil, jedoch wirklich nur zum Teil. Nämlich dann, wenn der Mann in unserem Beispiel sich durch den Konflikt der Frauen mehr und mehr zu seiner Frau stellt und sich mit ihr etwas von der Mutter distanziert, er mit dieser aber in einem achtsamen Verhältnis bleibt. Dann hat er auch eine gewisse Loslösung von der Mutter vollzogen, ohne im Streit mit ihr stehen zu müssen. Wäre ein dauerhafter Konflikt der Fall, würde das die junge Familie auf Dauer wieder sehr belasten.

Aber wie können solch übermäßige Bindungen überhaupt entstehen zwischen einem Elternteil und einem Kind, dass später sogar noch dessen Beziehungen dadurch belastet werden? Wir wollen dazu noch einmal auf Richard schauen.

Systemischer Hintergrund war bei Richard, dass seine Mutter ihren Vater im Krieg verlor, als sie sechs Jahre alt war. Verliert ein Kind so früh eine so wesentliche Bezugsperson oder fehlt so eine Person gänzlich im System, ist dies ein schweres Schicksal. Es bleibt eine unbewusste Sehnsucht und Lücke. In Familienaufstellungen wird immer wieder sichtbar, dass Kinder der nächsten Generationen auch in solche schicksalhaften Konstellationen verstrickt sind – und dann, wie hier Richard, an etwas mittragen wollen, was in eine ganz andere Generation und zu einer ganz anderen Person gehört. So lautete der innere, vollkommen unbewusste Selbstauftrag Richards gegenüber seiner Mutter: »Mama, ich trag es mit dir.« Wir können nicht sagen, wann ein Kind so eine innere Entscheidung trifft. Oft sieht es so aus, als würden Kinder bereits mit dieser Bindung geboren werden. Diese Vereinbarungen entstehen nonverbal auf rein seelischer Ebene. Dem Kind muss nie etwas erzählt werden von solchen Konstellationen und Ereignissen, und doch sehen wir weltweit in Familienaufstellungen, dass Kinder auf einer inneren Ebene eingebunden sind, dass es eine Instanz in uns gibt, die genau weiß, wer in der Familie fehlt und wer ein tragisches Schicksal hatte.

Durch so eine unbewusste, tiefe Vereinbarung entsteht eine übermäßige Bindung, die später auch in Beziehungen ihren Preis kostet und zum Beispiel im Leben Richards viel Leid verursacht, wenn er sich nicht auf heilsamen Wegen aus diesem Auftrag befreien kann. Meist kommt hinzu, dass durch so eine Konstellation der Weg zum zweiten Elternteil schwierig wird, was eine weitere Bürde bedeutet. Und all das geschieht aus Liebe: Aus Liebe möchte ein Kind alles tun für seine Eltern, und die Bindungsliebe in die eigene Herkunftsfamilie übersteigt erst einmal die Liebe zum eigenen Glück. Das ist ebenso ernst wie tief anzuschauen. Die Bindungskräfte in unseren Familien wirken so mächtig, dass wahrhaft Respekt und manchmal Ehrfurcht angemessen sind und nur Demut und Achtung mildernd wirken oder uns befreien können.

Die Bindungsliebe in die Herkunftsfamilie übersteigt erst einmal die Liebe zum eigenen Glück.

Projektion ist ein Schatz für Selbsterkenntnis

Nun könnte man leicht den Fehler machen, Susanne als »Opfer« der Familienumstände bei Richard anzusehen. Mancher ist vielleicht anhand dieser Geschichte geneigt, sich nun in der eigenen Paarbeziehung sicher zu sein und innerlich oder gar laut zu seinem Partner zu sagen: »Ich hab es doch immer gesagt, du hast ein Problem mit deiner Mutter/mit deinem Vater und ich darf es ausbaden.« Führt das zu Frieden und Verbindung? Nein, Sie würden durch so eine Haltung wieder nur Groll und Distanz erzeugen, also das, was Sie nicht wirklich wollen. Sobald in Ihrer Bewertung jemand »schuld ist« an einer Misere, egal ob Sie selbst oder ein anderer, können Sie keine wirklich heilsamen Wege und Auswege gehen.

Was uns stört, ist eine Projektion von uns selbst.

Das, was Sie am Partner, an einer Schwiegertochter oder an Ihrem Schwiegervater wahrnehmen, ist eine Projektion von Ihnen selbst – zumindest solange es Sie stört oder die Situation Ihnen unangenehm ist. Wenn wir diesen subtilen Vorgang in uns verstehen und entlarven können, ermöglicht das weitere Eigenverantwortung, Handlungsmöglichkeiten und damit Freiheit in unserem Leben.

Der Begriff der Projektion legt ein Bild nahe: Stellen Sie sich einen Tageslichtprojektor vor. Er wirft ein Bild an die Wand, das Hauptaugenmerk richtet sich auf dieses Bild und mit der Zeit vergisst der Betrachter, dass das Wesentliche vom Tageslichtprojektor ausgeht. Eben das macht die Projektion: Wir »sind« der Tageslichtprojektor und verlegen Wesensanteile und Lebensthemen »nach außen«, also quasi an die weiße Wand der Erscheinungswelt. Alles, was wir in uns nicht gut verarbeiten, nicht lieben durften und konnten, verdrängen wir in uns und projizieren es auf Mitmenschen, Partner, Schwiegereltern, Kinder,

Lehrer, Kollegen, Politiker, Völker, Lebenssituationen. Und es erscheint uns dabei selbst so real und wahr, dass wir diesen Vorgang nur mit höchster Bewusstheit in uns entlarven und erkennen können.

So können wir beispielsweise ein aggressives Umfeld erleben und auch unbewusst erzeugen, wenn wir in uns selbst Aggressionen verdrängt haben – zum Beispiel, weil uns als Kind dieses Gefühl schnell abtrainiert wurde durch Bestrafung, Bewertung oder eine Ablenkung von unseren Gefühlen. Auch können wir, wenn wir unbewusste Schuldgefühle und Selbstvorwürfe in uns tragen, »bestrafende«, uns abwertende Menschen und Lebenssituationen anziehen, über die wir dann Vorwürfe von außen erhalten und für unsere unbewussten Schuldgefühle sühnen können. Ebenso erleben wir von außen stets die Erfahrung von mangelnder Zuwendung, Wertschätzung und Liebe, solange wir uns tief in uns selbst noch nicht wertschätzen und lieben können.

All das, was Sie von außen erleben, spiegelt Ihnen also auch etwas über Ihr Innerstes wider. Das erklärt nochmals die allgemeine Erfahrung, dass sich unsere Mitmenschen scheinbar ändern, wenn wir zum Beispiel über Therapien oder Seminare in uns ein altes Thema erlösen konnten. Der Schwiegervater wirkt auf einmal offener und entspannter, der Partner zugewandter, die Schwiegermutter wertschätzender – warum? Weil die Projektion aus unserem Inneren sich gewandelt hat oder nicht mehr notwendig ist, um ein unbewusstes, altes Dilemma nach außen zu verlegen. Das bedeutet, niemand da draußen ist schuld – aber auch, Sie erinnern sich: Der goldene Schlüssel liegt in Ihnen! Sie sind nicht von anderen Menschen und Dingen abhängig, Sie können ändern und gestalten. Das ist liebevolle Macht.

Die Einblicke in die Erscheinungsformen der Projektion eröffnen uns auch ein tieferes Verständnis für spirituelle und religiöse Zusammenhänge. Denn über dieses Phänomen lässt sich bei genauer Betrachtung erkennen, dass nichts zufällig in unser Leben tritt. Dass kein Partner, kein Schwiegersohn und keine Schwiegermutter zufällig so erlebt und wahrgenommen werden, wie sie uns erscheinen. Sondern dass alles, was wir erleben, seinen Ursprung in unserem Herzen, unserer Seele, unserem Geist hat – genau wie der Ursprung des Bildes vom Licht des Tageslichtprojektors ausgeht. Wir sind der Projektor. Unser Bewusstsein ist die Folie oder Filmrolle. Die Welt »da draußen« ist nur die sichtbare Folge und Konsequenz davon.

Auch die Quantenphysik, hochgradige Wissenschaft also, dringt in Bereiche vor, wo Wissenschaftler religiös werden und Aussagen treffen wie: »Innen und Außen sind nicht voneinander zu trennen, sondern sind eins. Es ist so, als würde jeder Mensch sich sein eigenes Universum erschaffen. Unser Bewusstsein ist der Grundstoff für Wirklichkeit und diese Welt.« Ich komme in den späteren Kapiteln über geistige Wege und mentale Übungen in Beziehungskonflikten auf solche Erkenntnisse und unsere Möglichkeiten hieraus zurück.

Bevor Sie also den Holzweg gehen, der die Ursache für die Misere mit dem Partner, den Schwiegereltern oder wem auch immer im Außen sucht, sind Sie weit besser und tiefer beraten, wenn Sie gut in sich selbst hineinschauen und dann entsprechende Schritte zur Selbstheilung einleiten.

Die segensreiche Haltung aller Beteiligten

Wir können bereits an den bisherigen Familienbeispielen ersehen, welche Haltungen nicht wirklich funktionieren und Frieden bringen und in welchen inneren Haltungen der Beteiligten zueinander Segen liegt.

Daher möchte ich hier innere Haltungen beschreiben, die urteilsfrei und wertschätzend für alle Beteiligten sind und zu Gutem führen. Diese Haltungen sind manchmal nicht so leicht in uns zu gestalten, da, wie beschrieben, im Hintergrund oft Bindungen wirksam sind, über die wir uns nicht einfach durch Wollen hinwegsetzen können. Und doch ist dem Menschen durch Einsicht, Verstehen und vor allem Liebe wiederum nahezu alles möglich. Also sagen Sie auch nicht, dass die nun dargestellten Haltungen für Sie eben nicht machbar seien – sie sind es. Und warten Sie nicht auf die anderen, dass diese sich verändern. Denn dann machen Sie sich wieder zum Opfer von Umständen und dieser Welt, wie sie erscheint. Die Welt wird anders, wenn *Sie* anders werden, garantiert. Das ist wunderbar.

Als *Partner* sollten wir uns grundlegend darüber klar sein, dass unser Partner durch eine tiefe Liebe und Bindung mit seinen Eltern und seiner Herkunft verbunden ist – auch wenn er selbst das leugnen würde oder gar abwertend über einen oder beide Elternteile spricht. Wir sprechen hier nicht von einer bewussten Ebene, sondern von seelischen Bindungskräften, und die lassen sich nicht wegreden. Diese Liebe sollten wir einfach achten. Dies könnte so aussehen, dass wir uns hinter unserem Partner beide Eltern und dahinter die vorhergehenden Generationen vorstellen und uns innerlich vor der Geschichte, den Verlusten und der dort vielleicht unsichtbar wirkenden Liebe verneigen – ohne Urteil, ohne die Anmaßung, aus einer »besseren« Familie zu kommen.

Ebenso sollten wir uns als Partner bewusst sein, dass wir den Menschen, den wir lieben, nur durch dessen Eltern überhaupt haben können. Sie haben ihn hervorgebracht. Und beide sind zu gleichen Teilen in unserem Partner vorhanden, gleichgültig, wie lange sie gelebt haben oder wie präsent einer der beiden Eltern in dessen Lebensgeschichte war – sie sind beide in ihm, mit ihrer ganzen Geschichte und ihrer ganzen eigenen Herkunftsfamilie.

Auch das sollten wir achten. Es mag besonders schwierige Konstellationen geben, in denen man äußerlich auf Abstand geht. Entscheidend ist die innere Haltung dabei. Wenn es gelingt, den Elternteil als solchen zu achten und ihn mit seinen Eigenschaften im Partner zu lieben, ist dies eine gute und stille Lösung.

Wenn wir uns abwertend gegen einen Schwiegerelternteil stellen oder gar gegen beide, tun wir so, als könnten wir diesen aus unserem Partner ausblenden. Das können wir aber nicht – im Gegenteil ist es oft so, dass uns bei genauerer Betrachtung die Eigenschaften, die uns bei diesem Elternteil Schwierigkeiten machen, auch bei unserem Partner zu schaffen machen, weil uns diese an eigene Grenzen, an eigene Themen bringen. Und vergessen Sie nicht, dass Sie mit einem Konflikt zu einem Schwiegerelternteil auch Ihrem Partner seelisch zusetzen. Jede Abwertung von Ihnen über einen Elternteil Ihres Partners trifft auch Ihren Partner in der Seele – finden Sie also lieber friedlichere und versöhnliche Wege, Ihnen selbst und Ihrem Partner zuliebe. Das Ausblenden-Wollen und die abwertende Vermeidung eines Schwiegerelternteiles ist also eine Rechnung, die nicht wirklich aufgehen und nicht zu Ihrem Paar- und Familienglück beitragen kann.

Denn wenn Sie als Partner, ich habe das in der Einführung bereits angedeutet, zu einer immer tieferen Liebe zu Ihrem Partner/Ihrer Partnerin finden wollen, dann sollten Sie damit beginnen, Wege zu finden, dessen Mutter und dessen Vater zu achten und zu lieben, das Liebenswürdige in ihnen zu suchen, zu sehen, zu finden und in Dankbarkeit anzuschauen. Liebe ist immer steigerbar, ebenso wie Freude. Je mehr Sie die Familie Ihres Partners mit in Ihren weichen, wohlwollenden Blick nehmen, je mehr Sie all die, die dort dazugehören, mit in Ihr Herz aufnehmen, desto tiefer und gesegneter und dadurch

Sie können Ihren Partner nur ganz ins Herz nehmen mit seiner ganzen Geschichte.

geschützter wird Ihre Paarbeziehung und eigene Familie sein. Auch wenn äußerlich Abstand zu den Eltern oder Schwiegereltern besteht.

Als *Eltern* sollten wir zu unserem Kind, das inzwischen ja wohl keines mehr ist, in einer loslassenden Weise schauen. Dazu braucht es für die Eltern selbst oft den Freispruch, dem Kind nichts mehr zu schulden. Viele Eltern fühlen sich noch mehr oder weniger bewusst schuldig, weil manches anders gelaufen ist, als sie es sich gewünscht hätten – oft auch, weil gewisse familiäre Konstellationen und Ereignisse im Hintergrund über Generationen einfach sehr belastend wirken können. Dann können solche Eltern schwer aufhören, sich aus Sicht der Jungen »einzumischen«. Sie wollen immer noch mehr geben, unbewusst getrieben von dem Wunsch, sich irgendwann erleichtert, sprich nicht mehr schuldig zu fühlen. Es braucht also als Elternteil das Eingeständnis gegenüber sich selbst, dass man sein Bestmögliches getan hat, auch wenn es nicht perfekt war und man es sich selbst auch anders gewünscht hätte – aber es war eben das Bestmögliche.

Das Kind hat schon durch die Zeugung alles – das Leben und all die göttlichen Funken, die in ihm enthalten sind. Alles Weitere, was Sie als Eltern gegeben haben, sind Zusatzgeschenke gewesen. Das Größte haben die Kinder mit dem Leben – und das können und brauchen die Kinder auch nicht ausgleichen an Ihnen. Der Strom geht immer nur nach vorne. Also geben die Kinder dem eigenen Leben, dem Partner und später vielleicht eigenen Kindern das, was sie weiterschenken können.

Vielleicht wünschten sich manche Eltern einmal ein tiefes Danke von Ihrem Kind – ein Danke für all die Sorgen, schlaflosen Nächte, den Ärger, all die Bemühungen, die Entbehrungen. Wenn das so ist, können Sie innerlich im Herzen noch nicht wirklich freundlich lassend auf Ihr Kind schauen. Denn dann sind Sie noch verletzt und auch etwas verbittert auf dieses Kind und warten noch auf Wertschätzung und Ausgleich für Ihre Gaben und Ihren Verzicht. Es bedeutet auch, dass Sie viel Verzicht geleistet haben, der nicht immer nur gern vom Herzen, sondern auch aus Pflicht- und Moralvorstellungen entstand. Dieser Verzicht hat vielleicht Frust und unbewussten Vorwurf in Ihnen hinterlassen. Dadurch belasten Sie sich selbst und still wirkend auch Ihr Kind. Ich kann Ihnen versichern, dass gerade ein undankbares Kind Sie tief liebt und wahrscheinlich in einer alten, unbewussten Familienbindung steht oder stand, die Ihre Beziehung zu dieser Person belastete.

Es ist die Wahl keines Kindes, mit einem Elternteil im Unguten zu leben. Ist dem so, wirken Kräfte im Hintergrund, und das Kind leidet ebenso sehr darunter, auch wenn es das nie zugeben könnte und selbst vielleicht nicht bewusst fühlen kann. Und ein Tipp am Rande: Schauen Sie, ob sich für Sie da nicht eine Erfahrung zeigt, die *Ihre* Mutter oder *Ihr* Vater mit *Ihnen* hatte. Es kann sein, dass Sie über diese Erfahrung mit Ihrem Kind nun ein Herz für die Situation und den Schmerz eines Elternteils von *Ihnen* bekommen können – der sich vielleicht auch sehnlich mehr Leichtigkeit, Verbundenheit und Freude mit Ihnen zu Kindeszeiten gewünscht hätte ... Dann ist der Weg, sich innerlich mit diesem Elternteil auszusöhnen, rückwirkend all seine Bemühungen wertzuschätzen und selbst zu danken und das Erhaltene in Dankbarkeit ins Herz zu nehmen. Dann kommt oft die Wende in der Beziehung zu Ihren eigenen Kindern.

Kein Kind möchte mit einem Elternteil im Unguten leben.

Sprechen Sie sich als Eltern davon frei, ein besonderes Danke oder gar Gegenleistungen von den Kindern erhalten zu müssen. Eltern geben, Kinder nehmen. Das ist eine gesunde Grundordnung seit Anbeginn des Lebens in allen Formen. Welche Macht über Ihr Glücklichsein sprechen

Sie sonst Ihrem Kind zu! Sagen Sie also innerlich mit friedlichen Augen: »Ich habe dir mein Bestmögliches gegeben in dem Wunsch, dass du einen guten Weg gehst und glücklich bist. Wie du es nimmst und was du daraus machst, lege ich nun in deine Hände. Ich bleibe dein Vater/deine Mutter und ich liebe dich, sei gesegnet.« Wenn Sie möchten, machen Sie diese innere Übung täglich, bis Sie selbst sich frei und erleichtert fühlen – das ist ein guter Boden für sogenannte Wunder.

So können wir uns als Eltern auch gelassen zurückziehen und den Kreis des Neuen achten – das junge Paar oder dann die neu entstandene junge Familie.

Als *Schwiegereltern* sollten wir auf den Partner unseres Kindes mit dem achtsamen Bewusstsein blicken, dass er aus einer vielleicht vollkommen anderen Familie stammt als wir – mit anderen Werten, Weltanschauungen – und dass dieser Mensch auch in tiefer Liebe seiner Sippe verbunden ist und vielleicht auch in der einen oder anderen nicht so leichten Familienbindung aufgewachsen ist. Er liebt ihr Kind und wird ebenso sein ihm Bestmögliches tun – lassen Sie es damit bei den Jungen, was sie aus ihren Möglichkeiten machen. Wenn Sie nicht glauben können, dass Ihr Kind geliebt oder gut genug behandelt wird, und Sie das belastet, beachten Sie vor allem auch die späteren Kapitel über »schwarze Schafe« und die Kraft des Geistes (siehe Seite 75 ff. und 161 ff.). Zudem geht es für Sie dann darum, sich Ohnmacht einzugestehen, diese auszuhalten und sich vor dem Weg und den Erfahrungen, die ein Kind gerade machen will, zu verneigen. Es hat seinen tiefen Sinn, warum das Kind gerade diesen Partner gewählt hat.

Achten Sie den Kreis, der die neue, junge Familie umfasst. Sie haben Ihres getan. Das Kind ist nun erwachsen und Sie dürfen ihm vertrauen. Nicht vertrauen schwächt alle. Und wenn Sie noch etwas für die Jungen tun möchten, dann hören Sie auf und erlauben Sie es sich nicht mehr, sich Sorgen zu machen. Jeder Gedanke ist Gebet. Wenn Sie sich dabei ertappen, richten Sie sich innerlich auf und bejahen Sie, glauben Sie daran, dass die Junggeneration es auf ihre Art und Weise meistern wird – mehr können Sie nicht tun, aber das ist richtig viel! Eltern und Schwiegereltern, die an den Weg ihrer Kinder glauben, ihnen innerlich zulächeln in besten Wünschen, sind ein mächtiger Segen.

Eltern und Schwiegereltern, die an den Weg ihrer Kinder glauben, sind ein mächtiger Segen.

Achtsames Verhalten zur Würdigung aller Familienmitglieder

Vielleicht können Sie spüren, dass die oben beschriebenen Haltungen Würde und Kraft haben, Wertschätzung und Liebe beinhalten, und vielleicht würden Sie das auch gerne umsetzen. Aber wie sieht das konkret aus? Natürlich gibt es Tausende kleiner Begegnungen, Gespräche und Interaktionen, in denen sich innere Haltungen zeigen oder grundsätzlich gute innere Haltungen in einem Konflikt vorübergehend auch mal kippen können. Wenn dies geschehen ist, kehren Sie innerlich, sobald es möglich ist, wieder zu den friedvollen Haltungen im Herzen zurück. Alle Möglichkeiten hierzu sind unmöglich beschreibbar. Aber es gibt ein paar einfache Anregungen. Daher hier eine freie Auflistung, wie gelebte Wertschätzung und achtsame Zurückhaltung im Alltag aussehen können, die sich vor allem auch positiv in der Seele von Kindern und Enkeln auswirken.

- Vermeiden Sie abwertende Konflikte und urteilende Beschimpfungen *eines Partners* vor den Kindern. Für Kinder ist es schlimm, wenn ein Elternteil abgewertet wird. Noch schlimmer, wenn die Kinder selbst irgendwann Partei ergreifen. Denn dann sind die Kinder zu weit in die Beziehung der Eltern hineingerutscht, haben einen zum Opfer und einen zum Täter erkoren. Die Parteinahme gegen einen eigenen Elternteil kostet die Kinder seelisch einen hohen Preis im Leben.

- Stärken Sie *Ihrem Partner* den Kindern gegenüber die Seite. Wenn Ihre Frau also gerne und viel Sport macht, hüten Sie sich davor als Mann, bei den Kindern sich darüber zu beklagen. Erlauben Sie keine Parteibildung zwischen den Kindern und Ihnen gegen Ihren Partner – das Ego ist geschmeichelt, der zu zahlende Preis später jedoch zu hoch. Wenn Ihr Mann viel arbeitet, zählen Sie den Kindern auf, dass Sie dadurch zu essen haben, Kleidung, die Wohnung etc. Dann hören Kinder innerlich: »Aha, der Papa hat uns lieb, er geht auch für uns zur Arbeit.« Klären Sie also Missstände und Konflikte immer mit Ihrem Partner und lassen Sie die Kinder aus dem Spiel – aus Liebe zu den Kindern. Stärken Sie Ihrem Partner immer auch die Seite, wenn Kinder abwertend mit ihm umgehen oder Sie sich mehr Wertschätzung für die Bemühungen Ihres Partners wünschen. Dabei sind Sie selbst natürlich das beste Beispiel und stets Vorbild! Kinder brauchen Eltern, die zusammenstehen.
- Das Gleiche gilt für die *Schwiegereltern:* Erlauben Sie als Schwiegereltern den Kindern keine Abwertung oder Parteibildung gegen einen Elternteil der Kinder. Im Gegenteil: Finden Sie würdigende Worte für diesen Elternteil. Auch wenn es Sie aufwertet und schmeichelt, die Ausgrenzung und Parteibildung hinter dem Rücken ist Gift für die Familie und die Seele der Kinder. Auch wenn die Kinder das selbst versuchen, lassen Sie sich nicht darauf ein. Auch dann nicht, wenn Sie selbst gewisse Probleme mit der betreffenden Person haben.

- Das hört sich hier jetzt vielleicht an, als müssten die Kinder nach der Trillerpfeife stillstehen und hätten nichts zu melden. Das ist damit nicht gemeint. Sie werden später in den Kapiteln über Kommunikation und Bedürfnisse viel finden, was Kinder ebenso tief wertschätzt – hier aber geht es um *Klarheit,* um *einfache Grundordnungen* in Familien, deren Bruch immer schlimme Folgen für alle Beteiligten hätte.
- Ebenso werten Sie als *Paar* nicht über die Schwiegereltern und erlauben keine Parteien mit den Kindern gegen einen Schwiegerelternteil. Finden Sie, in welcher Lage auch immer, würdigende, wahre Worte über diesen Schwiegerelternteil. Und sei es für Sie persönlich noch so schwer mit einem Schwiegerelternteil – stellen Sie sich nicht in die Verbindungslinie der Generationen. Ausgrenzung hat immer negative Folgen.
- Als *Schwiegereltern* achten Sie den Kreis der jungen Familie, indem Sie beispielsweise lernen zu fragen, ob Sie zu einem Thema etwas aus Ihrer Sicht und Erfahrung sagen sollen. Betonen Sie dabei, dass Sie sich aus der Entscheidung raushalten möchten – und tun Sie das wirklich. Können Sie es aushalten, wenn man Ihre Meinung gerade nicht hören möchte? Unerwünschte Ratschläge können auch zu Konflikten führen, da sie als Anweisung oder als ein Herabblicken erlebt werden und die Bedürfnisse nach Wertschätzung, Ebenbürtigkeit und Autonomie beeinträchtigen können. Respekt kann sich hier auch in ihrer richtig dosierten Präsenz und Anwesenheit zeigen und in der Fähigkeit, der jungen Generation die Verantwortung in ihren Angelegenheiten zu überlassen und das Vertrauen zu geben.
- Entspannend kann es sein, wenn die *Jüngeren* den Älteren so etwas wie ein unausgesprochenes Mitspracherecht einräumen bei dem vollen Bewusstsein, dass das Entscheidungsrecht in ihren Angelegenheiten ganz bei ihnen selbst liegt. So könnten wertvolle Erfahrungen

der Älteren genutzt werden, die bei zu strikter Trennung verloren gingen.

- Wenn Sie Ihre Kinder bei den Schwiegereltern haben oder diese als Babysitter einspringen, geben Sie damit besser auch Ihren *Erziehungsstil* für diese Zeit ab. Die Vorgeneration hat Ihre Überzeugungen und Erfahrungen, die sich auf ihre Weise auch bewährt haben – Sie werden daran kaum noch etwas ändern. Sollten Sie Angst haben, dass die Kinder bei den Schwiegereltern etwas Belastendes lernen könnten, vertrauen Sie den Kindern – sie können gut zwischen Erziehungsstilen unterscheiden und auch aussortieren. Wenn Ihnen wichtig ist, Ihren Kindern erleichternde und befreiende Sichtweisen dieser Welt zu lehren, tun Sie dies und erhöhen Sie gegebenenfalls Ihre zeitliche Präsenz bei den Kindern.
- Wenn es zu Schlägen oder anderweitig *gewalttätigem Verhalten* kommt, sollten Sie einen ruhigen Weg finden, zum Wohl und Schutz der Kinder klar mit den Schwiegereltern darüber zu sprechen. Gegebenenfalls nutzen Sie die Möglichkeit einer professionellen dritten Person für klärende Gespräche. Ebenso dringend sollten Kinder vor der Manipulation mit Schuld und einem strafenden Gott geschützt werden. In späteren Kapiteln finden Sie noch Hinweise über friedensstiftende Kommunikation.
- Fordern Sie keine *Unterstützung* von den Eltern oder Schwiegereltern – Unterstützung ist ein Geschenk und dieses Bedürfnis lässt sich über unzählige Wege erfüllen. Fixierung und Forderung schaffen sowohl Abhängigkeiten als auch Spannungen und Konflikte.
- Bei *Familienfesten* lassen Sie sich als Gast voll, urteilsfrei und damit wertschätzend auf die in der jeweiligen Familie gültigen Abläufe und Rituale ein. Parken Sie Ihre Gewohnheiten, Ansichten, Urteile oder auch Ihren Stolz. Spielen Sie einfach mit. Versuchen Sie nicht, Ihre Gewohnheiten dort zu verankern – das gilt für beide Generationen.

- Erlauben und nehmen Sie als Eltern und Schwiegereltern auch *Geschenke* und *Gefälligkeiten* von der Junggeneration an, um dieser die Ebenbürtigkeit und damit Entspannung zu erlauben.

Wer nur gibt, macht andere böse

Zu dem eben als Letztes aufgeführten Punkt möchte ich etwas verdeutlichen, was Schwiegerelternbeziehungen oft aus dem Fluss bringt.

Eine Grundordnung in Familien ist: Eltern geben, Kinder nehmen. Das bedeutet hier, die Eltern tun wie alle Eltern dieser Erde ihr Bestes und das Kind nimmt alles als Geschenk und schenkt es seinem Leben, seinen Beziehungen und später seinen Kindern. Es wird also nach vorn weitergereicht, sodass der Fluss des Lebens stark bleibt. Wenn Kinder nicht wirklich nehmen können von ihren Eltern, geht das Hand in Hand mit unbewussten Schuldgefühlen und das Leben in verschiedensten Kulissen strauchelt. Wenn Eltern nicht wirklich geben und im Geben loslassen können, besteht eine innere Anforderung an das Kind. Das bedeutet: Wenn Eltern geben und innerlich aber mitrechnen und indirekt zurückfordern oder binden für ihr Geben, dann repräsentiert dieses Kind mehr im System, als nur ein Kind zu sein.

Eltern geben, Kinder nehmen.

Wie auch in unserem ersten Buch *Spirituelle Lebensimpulse* beschrieben, ist Geben und Nehmen ein wichtiges Thema in allen zwischenmenschlichen Beziehungen. Die Eltern-Kind-Beziehung hat, wie oben und an anderen Stellen in diesem Buch ausgeführt, allein durch das Geschenk des Lebens und alles, was Eltern sonst noch einbringen, zeit ihres Bestehens ein Gefälle, das Kinder nicht ausgleichen können und auch nicht sollen. Hier wird nun wichtig zu sehen, dass dies nur für diese Konstellation gilt. Alle anderen zwischenmenschlichen Beziehungen leben vom Wechselspiel aus Geben und Nehmen. Dadurch geschieht immer wieder Ausgleich, Entwicklung, Verbundenheit, Ebenbürtigkeit, Wertschätzung, Lebendigkeit und Entspannung.

Gibt einer in einer Paarbeziehung stets mehr als der andere, ist dies ein sicherer Weg, diesen Menschen loszuwerden, so erschreckend dies auch klingen mag. Dieser kann nicht ausgleichen, fühlt sich unter Druck, schuldig und nicht ebenbürtig. So werden Eltern-Kind-Konstellationen unter Erwachsenen geschaffen, die in gewöhnlichen Beziehungen immer scheitern – egal, ob die Trennung auch äußerlich vollzogen wird oder nur im Inneren stattfindet.

Die Person, die nicht mehr ausgleichen kann, wird im Lauf der Zeit durch obige Hintergründe frustriert, nörgelig oder direkt vorwurfsvoll und böse. Solche Menschen werden dann zu einem wandelnden Nein! – was hier heißt: »Ich will nichts mehr von dir nehmen, weil mir Ebenbürtigkeit und dadurch Wertschätzung und Entspannung wichtig sind.«

Wenn nun ein junges Paar, Ehepaar oder eine junge Familie von den Eltern oder Schwiegereltern reich oder immer wieder beschenkt wird, sei es materiell oder durch Gefälligkeiten und Unterstützung, entstehen in diesem Paar zwei unterschiedliche Erlebensweisen und Dynamiken. Der eine Partner ist von seinen Eltern beschenkt – und in der Tiefe kann er das gut entspannt und dankbar nehmen, wenn die systemische Ordnung in der Familie stimmt oder hergestellt wurde. Der andere jedoch ist kein Kind dieser Familie, sondern ein erwachsener Mensch aus einer anderen Sippe – und hat daher das ebenso stimmige Bedürfnis nach Ausgleich und damit Ebenbürtigkeit. Wenn dies nicht gelingt, führt das zu vielschichtigen Spannungen aufgrund obiger Hintergründe.

Es braucht in zwischenmenschlichen Beziehungen also viel Wachsamkeit und gegebenenfalls auch Zurückhaltung im Geben, wenn wir Ebenbürtigkeit und dadurch Wertschätzung erhalten möchten. Nicht jeder kann gleich viel geben und nehmen. Erschwert ist dies dadurch, dass viele Menschen weit besser geben als nehmen können – das kann gelernt sein in früher Kindheit, gerade in der Nachkriegsgeneration, als Leistung und Mitarbeit schon früh höchste Werte darstellten. Diese Generation musste eher »funktionieren«, als dass da Raum gewesen wäre, gut für sich zu sorgen und sich selbst und andere zu beschenken. Ebenso kann ein übermäßiges Geben eine Strategie sein, um latente Schuldgefühle in sich erträglich zu machen. Wer Schuldgefühle in sich trägt, muss immer mehr tun als andere, um in einen Bereich der Entspannung und von positiven Gefühlen zu kommen.

So ein Geben ist dann mehr eine unbewusste Strategie zur Selbsterleichterung als ein freies Geschenk. Und die Beschenkten fühlen sich daher meist eher überfahren als bereichert, weil sie innerlich wahrnehmen, dass sie im Geben gar nicht wirklich gemeint und im Blick sind. Wenn Sie so eine Dynamik beziehungsweise dieses Dilemma in einem Menschen erkennen, gibt es nicht viele Möglichkeiten. Die eine ist, offen Ihr Bedürfnis nach Ausgleich und Ebenbürtigkeit zu benennen und dafür zu sorgen. Die andere ist, gegenüber dem zwanghaft geben Müssenden innerlich achtsam die Haltung einzunehmen: »Wenn es dir hilft, Schuldgefühle besser zu ertragen, nehme ich gerne und dankend von dir.«

Wenn Eltern leiden: »Mein Kind hätte es besser verdient als mit diesem Partner«

Nicht wenige Eltern sehen sich in einer traurigen Situation: wenn eines ihrer Kinder mit einem Partner zusammen ist, wo von außen betrachtet die Beziehung schwierig erscheint. Oft wird es auch so erlebt, dass dieser Partner eigentlich nicht der oder die Richtige sei, es ihm oder ihr an Wertschätzung fehle, an Engagement, an Dankbarkeit, an Willen und Mut, an Anstand, an Stabilität und Verlässlichkeit ... – unterm Strich bedeutet es: »Nicht gut für mein Kind, ich würde meinem Kind Besseres und Leichteres wünschen.«

Wie geht es Ihnen dann als Elternteil? Wohl ziemlich schlecht. Ihrem Kind und dessen Partner/in aber ebenso, denn Freude, Leichtigkeit und Verbundenheit haben in solchen Beziehungsgeflechten kaum noch gemeinsamen Raum. Ihr Kind fühlt, was in Ihnen vorgeht, auch wenn Sie nichts sagen.

Aber da nun nichts, keine Konstellation, keine Familiensituation, kein Erleben derselben Zufall ist, sondern seinen tiefen Sinn und Hintergrund hat: Was gilt es in solchen Konstellationen zu beachten und zu verstehen? Die Hintergründe können sehr vielfältig sein. Ich gebe im Folgenden einige Einblicke dazu.

Schwarze Schafe: Ausgegrenzte und Abgewertete werden unbewusst zurückgeholt

Ihr Kind findet nahezu blind treffsicher Partner, die definitiv in sozialen Lebensproblemen stecken und von der Gesellschaft in die Kategorie »schwarzes Schaf« eingestuft werden. Hier besteht sehr häufig ein systemischer Hintergrund, der uns Einblick in die Tiefen von Familiendynamik gibt. Dies zeigt sich in folgendem Beispiel:

Janina, 26, hat bereits den dritten Lebenspartner, der keinen Halt im Beruf findet und entweder mit Alkohol oder mit Drogen Probleme hat. In einem Seminar mit Familienaufstellungen zeigt sich der anwesenden Mutter von Janina, dass dieser scheinbar zufälligen Partnerwahl eine tiefe Sehnsucht zugrunde liegt: die Sehnsucht nach ihrem leiblichen Vater. Die Eltern trennten sich früh und die Mutter sprach, wenn überhaupt, nicht sonderlich wertschätzend über diesen Vater. Dieser konnte beruflich nie wirklich Fuß fassen und konsumierte immer wieder auch mehr Alkohol, als gut für ihn und die Beziehung war.

Da ist nun also einer im System abgewertet und in einer inneren Weise ausgegrenzt. Eine von Bert Hellinger als Familiengewissen bezeichnete »innere Instanz« in uns erträgt dies nicht und hat ein tiefes Bedürfnis nach Zugehörigkeit, Ausgleich und Ordnung. Diese innere Instanz veranlasst Spätere, hier also ein Kind, entweder diesen Ausgegrenzten im System zu vertreten und ihm ähnlich zu werden oder diesen Ausgegrenzten in einer unbewussten Art symbolisch wieder durch ihm Ähnliche ins Familiensystem »zurückzuholen«. So war es auch hier. Die Mutter grenzte innerlich den Vater des Kindes aus und wertete ihn ab. Das Kind versuchte vollkommen unbewusst, diesen Vater wieder zurück ins System und in sein Leben zu holen. Partnerwahl ist hier also alles andere als einfach freier Wille oder gar »jugendliche Dummheit«.

Partnerwahl ist alles andere als einfach freier Wille.

In vergleichbaren Situationen wird es für Sie als Elternteil also wenig Sinn haben, dem Kind die Beziehung schlechtreden zu wollen. Wenn Sie etwas tun möchten, dann fragen Sie in Ihrem Herzen und in Ihrer Familie, wer vielleicht nicht wirklich gewürdigt und im Herzen als nicht zugehörig gefühlt wird im Familiensystem. Das können frühere Partner, ein leiblicher Elternteil, ein verstorbenes Kind, ein abgetriebenes Kind oder auch ein Großvater oder eine Großmutter sein, über die immer nur schlecht gesprochen wurde. Das »schwarze Schaf« kann auch ein Geschwister der Eltern sein, das einen schwierigen Lebensweg geht und in diesem nicht wirklich gewürdigt und im Herzen als zugehörig gefühlt wird.

Vielleicht versucht Ihr Kind, dieses fehlende Glied symbolisch in seinen Partnerschaften zurückzuholen – ein schmerzlicher Versuch und eine schwere Bürde. Lösen Sie es an der Stelle, wo es wirklich zu lösen ist – dann wird sich entweder der Partner Ihres Kindes auf einmal wundersam wandeln oder die Resonanz Ihres Kindes fällt im Lauf der Zeit auf »leichtere Partner«. Vorausgesetzt, der Hintergrund ist, wie hier beschrieben, systemischer Art.

Wichtig zu sehen ist dabei immer auch, dass Abwertung letztlich aus Schmerz heraus geschieht. Wir sollten also über niemanden urteilen, der andere abwertet. Sonst machen wir ja das Gleiche wie er. Bei der Mutter von Janina waren in der Beziehung mit dem trinkenden Vater des Kindes viele Bedürfnisse beeinträchtigt: Sicherheit, Verlässlichkeit, Unterstützung, Verbundenheit und wohl auch Wertschätzung, Freude und Leichtigkeit, um nur einige zu nennen. Wenn Menschen sich dann hilflos und ohnmächtig in ihrer Beziehung ausgeliefert fühlen, schützen sie sich, indem sie hart werden und über den anderen urteilen: Der andere ist falsch, er ist schuld, dass es uns so schlecht geht. Das schützt vor Schmerz und gibt Kraft aus dem Gefühl, im Recht und gut zu sein. So ist also auch die Abwertung und Ausgrenzung ein Selbstschutz, hinter dem Verletzlichkeit, Sehnsucht und Schmerz verborgen sind. Wenn es jedoch so zur Trennung kommt, hat der Partner keinen Platz mehr im Herzen und wird auch nicht mehr wirklich als Vater des Kindes gewürdigt. Man kann ihm dann mit gutem Gewissen böse sein. Und so sind die Kinder der oben beschriebenen Dynamik ausgeliefert.

Selbst wenn eine Beziehung nicht weitergeführt werden kann, geht es nur gut für alle Beteiligten weiter, wenn der Partner, wie hier der Vater von Janina, im Herzen wirklich gewürdigt und als Vater des Kindes geachtet bleibt. Das hätte aber viel Trauerarbeit für die Mutter von Janina bedeutet – ebenso die Eigenverantwortung für ihre Gefühle, ihren Anteil für den Beziehungsverlauf und vor allem auch für ihre Partnerwahl. Bei genauerem Hinsehen wird meist schnell offenbar, dass die eigene Geschichte die Partnerwahl beeinflusst hat. Wie später auch bei der Tochter.

»Scheitern« und Konflikte als Abnabelung

In unseren Therapien und Seminaren zeigt sich immer wieder, dass Kinder manchmal einen merkwürdig anmutenden Weg wählen, um sich von zu Hause abzunabeln. Da wird der berufliche Weg verkorkst, Partnerschaften werden zu Bildflächen von Scheitern verschiedenster Art oder es wird eine andere Lebensweise gewählt, die von außen betrachtet alles andere als beruhigend für Eltern ist. Insgeheim steht dahinter oft die unbewusste Botschaft: »HIER endet eure Macht und euer Einfluss.« Vor allem findet sich dies in Familien, wo ein Elternteil als überfürsorglich, sehr dominant oder autoritär erlebt wurde. Dieser Hintergrund findet sich aber auch dort, wo enge Bindungen entstanden sind aus verschiedensten Gründen: zum Beispiel bei einer frühen Trennung der Eltern, wo ein Kind unbewusst die Partnerlücke schließen wollte, oder auch bei schweren Schicksalen, welche die Kinder und einen oder beide Elternteile auf seelischer Ebene sehr eng zusammenrutschen ließen.

So liegt ein Verweigern von Lebensglück oft im Wunsch begründet, endlich als erwachsen und als autonomes Wesen gesehen zu werden und sich selbst auch so zu fühlen. In der Regel führt diese Strategie aber nicht zum Ziel, denn wie werden solche Erwachsene von ihren Eltern behandelt? Meist eben nicht erwachsen, sondern weiterhin wie Kinder, über die man sich Sorgen macht und auch dementsprechend mit ihnen spricht und sie dementsprechend anschaut. So kann sich so eine Dynamik richtig festfahren, wenn sie nicht erkannt wird. Der Wandel kommt dann oft erst, wenn die Eltern gänzlich »aufgegeben« haben, die Unabhängigkeit also lange genug bewiesen wurde auf so einem »Dornenweg«. Wäre es nicht so traurig und erschreckend, könnten wir auch schmunzeln über die inneren Strukturen und Wege, die Menschen manchmal wählen.

Für Sie als Eltern geht es in so einem Fall um Fragen, die man sich gewöhnlich nicht stellt, vielleicht auch nicht so gerne stellt. Und doch sind die Antworten auf diese Fragen oft der Schlüssel, dass ein Kind bei so einem Hintergrund im Lauf der Zeit einen neuen Weg nehmen kann:

- Was brauche ich noch, um dieses Kind erwachsen werden zu lassen und seinem Weg anzuvertrauen? Woran würde mein Kind bemerken, dass ich etwas zurückgetreten bin und anerkenne: »Du bist nun erwachsen und eigenverantwortlich für dein Leben. Du darfst deinen Weg gehen, auch wenn er dich von mir wegführt. Ich lasse dich mit Liebe, und wenn du mich brauchst, ich bin da.«
- Was wäre anders? Woran würde Ihr Kind wirklich diese Veränderung in Ihnen spüren und angenehm wahrnehmen, wenn Sie es nicht ausdrücklich sagen? Machen Sie das nicht abhängig von Veränderungen oder vom Verhalten Ihres Kindes – es liegt in Ihnen, Ihr Kind als erwachsen zu respektieren, auch wenn es sich anders verhält, als Sie es für richtig halten.
- Und: Woran würde mein Kind erkennen, dass ich mir selbst keine Vorwürfe mehr mache als Elternteil und

vorwurfsfrei und sanft anerkenne: »Wenn es auch nicht perfekt war, ich habe dir mein Bestmögliches gegeben. Nun liegt es in dir, was du daraus machen willst.«

Wenn wir mit innerlich festhaltenden Eltern arbeiten, sehen wir in der Tiefe immer, dass dieses Festhalten am Kind mit Schmerz zu tun hat. Entweder einem Schmerz, der in Schuldgefühlen zu diesem Kind und der gemeinsamen Geschichte liegt. Oder einem Schmerz, der darin wurzelt, dass dieses Kind eine zentrale, oft unbewusste Hauptrolle im Leben des Elternteiles spielt und nun, da es flügge wird, eine Lücke zu entstehen droht, die aus dem momentanen Erleben heraus nicht geschlossen werden kann. Die junge Generation versucht sich dann zu befreien, indem, wie oben beschrieben, Lebensumstände gestaltet werden, die sich dem Zugriff der Eltern entziehen, oder indem das Kind oder dessen Partner in Konflikte zieht, um das bedrohliche Band der übermäßigen Bindung zu kappen. Leider können solche Kämpfe sehr schmerzhaft, lang andauernd und doch vergeblich sein.

Dazu ein Beispiel aus einem unserer Seminare:

Annelie (46) will rückwirkend Frieden mit ihrer Herkunftsfamilie und damit für sich selbst finden. Beide Eltern und die beteiligte Großmutter sind inzwischen verstorben. »Bei uns ging es immer nur um Macht«, sagt sie. Nach ein paar Fragen stellt sich heraus, dass die Mutter des Vaters mit im Haus lebte und in permanenter Spannung mit der Mutter von Annelie lebte. Die beiden Frauen rangelten quasi stets um den Vorrang im Haus, keine konnte es der anderen recht machen und Annelie als Kind litt sehr unter diesen Spannungen. Als ich zu ihr sage, dass es in meinen Augen gar nicht um Macht, sondern um ihren Vater geht, lächelt sie und meint: »Stimmt.«

In der dann folgenden Familienaufstellung zeigt sich, dass die im Hause lebende Schwiegermutter eine tiefe Bindung zu ihrem Sohn, Annelies Vater, hatte. Die Familie hatte viele Verluste erlitten: Der Lieblingsbruder der Schwiegermutter starb früh, ein eigenes Kind starb ebenso früh und der Vater des Sohnes trennte sich wegen einer anderen Frau. In solchen Fällen treffen die Familienmitglieder unbewusste Vereinbarungen. Das kann dazu führen, dass ein Sohn zum Ersatzpartner wird, den fehlenden Bruder oder auch das verstorbene Kind ersetzen und vertreten soll beziehungsweise will.

So war hier der Machtkampf der Frauen ein verzweifelter Kampf für beide: Die Mutter konnte ihren Sohn nicht wirklich loslassen, weil er auf einer unbewussten Ebene zu viel für sie repräsentierte und zu einem wesentlichen Inhalt ihres Lebens geworden war. Die Ehefrau spürte diese Bindung und wollte ihren Mann sicher bei sich und ihrer Familie haben. Daher stellte sie sich in Konfrontation mit der Schwiegermutter. Ein Dilemma, das aus unbewussten Bindungen entstand und unter dem alle Beteiligten litten.

Für Annelie aus unserem Kurs ist es eine tiefe und befriedende Erfahrung, in der Aufstellung die Liebe und unbewusste Vereinbarung zu sehen, die zwischen ihrem Vater und seiner Mutter bestand. Annelie lassen wir lösende Sätze zu den durch andere Seminarteilnehmer repräsentierten Personen sagen. Diese Sätze bringen sowohl das zum Ausdruck, was im System wirkte, als auch das, was löst und damals nicht gesagt werden konnte. Während dieser Sätze löst sich der alte Schmerz und die Liebe dahinter wird wieder zugänglich:

Zu ihrer Großmutter: »Liebe Oma, ich achte deinen Schmerz und deine Verluste. Wenn es dir geholfen hat, so nahe bei meinem Papa und uns zu leben, kann ich jetzt die Hintergründe sehen und achten. Für uns war es nicht leicht. Sei jetzt bitte mir und meiner Mama freundlich.«

Zu ihrer Mutter: »Liebe Mama, es tut mir so leid, dass du den Papa nicht ganz haben konntest. Bitte sei mir freundlich, wenn ich ihn und seine Mutter liebe und achte. Sie ist doch meine Oma und er mein Vater – und ich habe nur diesen einen.«

Zu ihrem Vater: »Lieber Papa, ich achte, was du aus Liebe mit deiner Mutter tragen wolltest. Ich halte mich da raus. Ihr seid die Großen, und ich bin die Kleine, und ich darf euch alle lieben und von euch nehmen.«

Nach diesen Sätzen sind alle in Liebe verbunden und Annelie umarmt tief alle drei Personen ihrer Kindheit. Sie hat damals nicht Sichtbares verstanden, kann dadurch innere Urteile über die Beteiligten auflösen und Frieden mit der Geschichte finden. Jeder ist gewürdigt und das Wesentliche ist gesagt.

Solchen Eltern wie in diesem Beispiel der Schwiegermutter kann man »schwarze Schafe« oder den sprichwörtlichen Kaiser von China liefern – er oder sie wäre nie wirklich gut genug für ihr Kind. Die Botschaft im Stillen heißt hier: »Niemand ist so gut für dich wie ich, mein Kind.« Was aber genau übersetzt eher bedeutet: »Niemand ist so gut *für mich* wie du, mein Kind – und was sollte ich ohne dich tun?« Die übermäßige Bindung an das Kind ist also meist mehr der Grund für so einen Konflikt als das Sosein des gewählten Partners des Kindes.

Eltern erfüllen sich natürlich auch wesentliche Lebensbedürfnisse über das Elternsein: Sinnhaftigkeit, Verbundenheit, Zugehörigkeit und, soweit es gelingt, Freude, Liebe, Leichtigkeit. Auch haben sie über die Kinder teil an Entwicklung, an Lebendigkeit, ja oft am Leben selbst. Wenn wir nun als Eltern keine anderen Wege kennen, uns all die genannten Bedürfnisse auch auf anderen Wegen gleichermaßen tief zu erfüllen, dann wird es schwer, loszulassen und die Kinder erwachsen werden zu lassen. Aber so ist der Weg – und nur das kann die Lösung sein, all diese Bedürfnisse

Jede Frucht verlässt, sobald sie reif ist, den Ursprung.

spätestens jetzt anderweitig zu erfüllen. Nehmen Sie selbst wieder am Leben teil. Entwickeln Sie sich selbst weiter als Wesen. Finden Sie etwas, was Ihnen weiterhin oder wieder Sinnhaftigkeit im Leben gibt, Freude bereitet usw.

Kein Baum hält seine Frucht. Jede Frucht verlässt, sobald sie reif ist, den Ursprung. Also segnen Sie sich und Ihr Kind. Umarmen Sie die gesamte Geschichte, wie sie war und ist – und vertrauen Sie auf die innere Weisheit der Seele in Ihrem Kind.

In der Hölle muss man glauben, was man denkt

Eltern wie aus dem obigen Beispiel leiden letztlich unter Gedanken wie »Mein Kind sollte einen anderen Partner haben«, »Der oder die andere wäre besser für mein Kind gewesen«, »Die beiden sollten finanziell mehr gesichert sein«, »... hätten nicht so früh Kinder bekommen sollen«. Solche und ähnliche Gedanken widersprechen stets der momentanen Realität. Oder es werden Gedanken quälend, die den Eltern selbst die Verantwortung für die Art des Lebensweges ihrer Kinder auferlegt im Sinne von: »Ich habe so viel falsch gemacht. Wäre ich ein besserer Vater oder eine bessere Mutter gewesen, dann wäre mein Kind nun viel glücklicher und hätte bessere Beziehungen ...«

Schauen Sie sich die Konsequenzen dieses Gedankens an. Wie fühlen Sie sich, wenn Sie diesen Gedanken denken und vor allem auch *glauben*? Traurig, hilflos, ohnmächtig, wütend? Sie selbst haben diese Emotionen auszuhalten – aber auch andere, denn: Wie verhalten Sie sich aufgrund dieses Gedankens, wenn Sie ihn *glauben*, Ihrem Kind und seinem Partner gegenüber? Ablehnend, unsicher, kontrollierend, vorwurfsvoll, zurückgezogen oder etwas anderes?

Wenn wir mit unseren Gedanken identifiziert sind, unsere Gedanken immer glauben und sie nicht einfach auch mal nur erkennen und beobachten können – dann besitzen sie uns. Sie lenken uns, hetzen uns durchs Leben und quälen uns durch die Gefühle, die sie zwangsläufig hervorbringen.

Ich ermutige Sie, hier erst mal nicht weiterzulesen, sondern noch einmal zurückzugehen zu der Frage, wie Sie sich *fühlen* und wie Sie sich *verhalten*, wenn Sie Ihren Gedanken *glauben*. Denken Sie tief über die weitreichenden Auswirkungen für sich und die anderen aufgrund dieses negativen Gedankens nach, den Sie da bisher glauben.

Und dann lehnen Sie sich zurück und fragen sich in Anbetracht eines vollkommen geschaffenen Kosmos und angesichts der bereits in diesem Buch geschriebenen Dynamik, dass wir immer den Partner wählen, den wir zur Heilwerdung brauchen: *Kann ich wirklich wissen, dass dieser belastende Gedanke stimmt?*

Wenn Sie wirklich ehrlich sind, kann nur eine demütige Antwort in Ihnen aufsteigen, die keine zwei, sondern vier Buchstaben hat.

Keine Sorge, Sie dürfen den belastenden Gedanken behalten. Öffnen Sie sich nur für die tiefe Betrachtung, was dieser geglaubte Gedanke in Ihrem Leben macht. Und dann: Wer wären Sie, wie würden Sie fühlen, wie wäre Ihr Leben ohne diesen Gedanken? Und wie würden Sie sich dann verhalten?

Wer sich klarer werden möchte über die fatalen Auswirkungen seiner *geglaubten* Gedanken und entspannter leben möchte, dem sei an dieser Stelle die Urheberin dieser hier verkürzt dargestellten Betrachtungsweise wärmstens ans Herz gelegt: Byron Katie.

Abschließend hierzu noch eine Frage von Marshall Rosenberg, der das Konzept der Gewaltfreien Kommunikation (GFK) entwickelt hat: »Willst du recht haben oder glücklich sein?«

Weitergereichter Schmerz – ein unsichtbares Gift

Es gibt ein paar Gesetzmäßigkeiten auf dieser Welt, die wir nur mit viel innerer Arbeit oder mit viel Wachheit überwinden können. Ein Prinzip ist, dass wir einen Schmerz, den wir selbst erfahren und nicht verarbeitet haben, weiter in uns erzeugen oder genauso in anderen verursachen. So als würden wir ein Gift, das wir verinnerlicht haben, wieder anderen einimpfen, um es loszuwerden. Traurig, aber wahr!

Wer beispielsweise Schmerz durch Grenzübertretungen eines vereinnahmenden Elternteils oder direkte Gewalt oder Missbrauch erfahren hat und dies nicht tief aufarbeitet, wird weiterhin seine eigenen Grenzen überschreiten. Dies kann sowohl durch permanente Hochleistung im Beruf, Sport oder auch durch ein schädliches Ernährungs- und Konsumverhalten geschehen. Oder man wird unbewusst immer wieder andere Menschen dazu einladen, seine Grenzen zu übertreten.

Die andere Variante ist bei solchen Menschen, ungewollt, aber fast permanent, die Grenzen anderer zu übertreten – ohne es zu bemerken. Die Tiefenpsychologie nennt dies »Identifikation mit dem Aggressor«, was bedeutet, man wird dem Menschen, der uns einst peinigte, unbewusst in der Energie ähnlich. Solche Menschen fallen dann aus allen Wolken, wenn ihr Umfeld tief verletzt und traurig oder abweisend, ablehnend und aggressiv auf sie reagiert. Sie können nicht wahrnehmen, dass sie Grenzen anderer durch ihr Handeln übertreten und diese sich deswegen schützen und gegebenenfalls massiv zur Wehr setzen.

Wer Ausgrenzung, mangelnde Wertschätzung, Lieblosigkeit oder andere schmerzhafte Erfahrungen machen musste, geht also bis zur Auflösung dieser Schmerzmuster mit sich oder anderen wieder ausgrenzend, verachtend und lieblos um – ohne einen Blick dafür zu bekommen.

Was können wir dagegen tun? Wir können ja nicht die Geschichte eines anderen Menschen ändern und es nützt auch nichts, ihm etwas über sein unbewusstes Gift zu erzählen. Wir haben trotzdem viele Möglichkeiten: Wir können wieder in uns selbst schauen, was in uns in Resonanz mit so einem Menschen geht. Wir können uns fragen: Welche Wunde kann ich in mir ausheilen? Des Weiteren können wir aus den oberflächlichen Urteilen über unsere Mitmenschen aussteigen und uns still im Herzen in Mitgefühl für das Innere so eines Menschen üben.

Etwas später in diesem Buch können Sie dies noch vertiefen, wenn Sie herausgefunden haben, welche wahren Bedürfnisse in Ihnen und dem anderen aktiv sind. Wir können aufhören, über andere Menschen urteilend zu schimpfen. Die innere Haltung zu einem Menschen ist entscheidend – auf das gesamte System mit Partnern und Kindern betrachtet, ist das weit entscheidender als der äußere Kontakt und die beste Grundlage für eine Wandlung im äußeren Beziehungsgeflecht.

In manchen Konflikten sind die unbewussten Muster der Beteiligten so intensiv, dass vorerst nur ein äußerer Abstand Entspannung bringt. Wenn dies mit der stillen, wertschätzenden Haltung im Herzen gelingt, ist es besser, als immer und immer wieder sich selbst oder den anderen durch die Begegnung zu verletzen.

Manchmal wirken unbewusste Muster so stark, dass vorerst nur äußerer Abstand Entspannung bringt.

Auffällig ist auch, dass sich in Familien oft die Spannungen zwischen Eltern oder Schwiegereltern und Kindern wiederholen. Wenn Sie also als Elternteil im Konflikt mit der jüngeren Generation stehen, kann neben obigen Betrachtungen auch eine weitere Möglichkeit interessant sein: Haben auch Sie einen Elternteil oder Schwiegerelternteil erlebt, der Ihnen in einer Beziehung zu schaffen machte oder noch macht? Dann wissen Sie, wie sich das auf der Seite der Jungen anfühlt – und doch sind Sie vielleicht gerade das geworden, was Sie nie sein wollten: eine gewisse Belastung für das junge Paar. Was wir am meisten ablehnen, ziehen wir an.

Gehen Sie dem Schmerz nicht aus dem Weg, den die damalige eigene Konstellation in Ihnen hinterlassen hat. Blicken Sie innerlich auf den damals belastenden Elternteil, nehmen Sie die Hintergründe, die wir meist nicht durchblicken können, mit ins Herz und stellen Sie sich den Wunden: »Es tut so weh. Schade. Auch du hättest es dir gewiss leichter mit uns gewünscht.« Wenn Ihr Partner eine Belastung durch einen Ihrer Eltern durchgehalten hat, kann es sein, dass Sie ihm gegenüber unbewusst Schuldgefühle haben. Schauen Sie Ihren Partner an und sagen Sie ihm: »Danke. Ich weiß nicht, ob ich je ausgleichen kann, was du mit durchgestanden hast. Ich nehme es als großes Geschenk und danke dir von ganzem Herzen.« So können wir uns wieder ebenbürtig entspannen und nach vorne blicken.

Im »Schade« ist keiner mehr »schuld«, sondern man bedauert einfach tief, dass es war, wie es war. So erhält jeder Mensch wieder einen Platz im Herzen und wir können Frieden finden.

Verdichtete Einsichten

Abschließend für diese Gedanken können Sie als Eltern oder auch als Junggeneration noch ein paar verdichtete Einsichten verinnerlichen:

Mit dem Geschenk des Lebens hat ein Kind alles, was es braucht. Mit dem Leben hat es das Größte erhalten. Dies kann und braucht es nicht auszugleichen an seinen Eltern, es kann es nur mit allen Zusatzgaben wie auch dem Verzicht der Eltern als Geschenk nehmen. Ebenso können Sie Ihrem Kind in tiefster Sicht nichts schulden – das Wertvollste hat es von Anbeginn durch Sie. Alles Weitere, auch wenn es nicht »perfekt« war, ist Ihr Bestmögliches gewesen. Es liegt am Kind, was es daraus macht. Wer meint, seine Eltern schulden ihm noch etwas, kann nicht erwachsen werden im Leben und in Beziehungen.

Wer meint, seine Eltern schulden ihm noch etwas, kann nicht erwachsen werden.

Kein Bach fließt aufwärts. So geht der Fluss des Lebens immer in eine Richtung. Daher hat die Beziehung Ihres Kindes und später seine selbst gegründete Familie Vorrang vor seiner Herkunft. Das Kind muss dort seinen Platz einnehmen, wo das Leben weitergeht – alles andere scheitert wie eine Frucht, die den Baum nicht verlässt.

Partnerwahl ist alles andere als Zufall, sondern tiefe Weisheit und Führung der Seele mit den vielfältigsten Hintergründen. Vertrauen Sie mehr dieser Weisheit als Ihren eigenen Urteilen – wir wissen nicht wirklich, was der Weg eines anderen ist.

Ihr Kind muss Ihnen zumuten, seinen Weg zu gehen. So als würde es Sie anschauen und zu Ihnen sagen: »Schau, mein Partner ist jetzt meine Nummer eins. Hier geht es weiter. Du bleibst jedoch mein Vater/meine Mutter.«

Bedürfnisse achten, gewaltfrei kommunizieren

Peter: Der nicht Aufgenommene

Peter und Sarah kommen zur Beratung, weil Peter sich seit Monaten dagegen sträubt, sich weiterhin mit den Eltern von Sarah zu treffen und Sarah sehr unter diesem Umstand leidet. Peter erlebt die Eltern von Sarah von Anfang an als reserviert. Dies spiegelt sich für ihn in der formalen Anrede per Sie wider und in einem relativ unentspannten Gesprächsfluss bei den Begegnungen. Peter hat stets den Eindruck von Skepsis, Sorge und Distanz der Schwiegereltern gegenüber ihm.

Wie so viele andere schaffte auch er es, eine gewisse Weile diesen Umstand als einfach gegeben zu akzeptieren. Steter Tropfen höhlt jedoch den Stein und so wurde die Situation für ihn immer belastender. Er fühlte sich nicht zugehörig, nicht willkommen und aufgenommen, sondern eher als Fremdkörper und abgelehnt. Das machte ihn zunehmend ratlos, traurig und teilweise auch wütend. Sarah hatte auch das Gefühl, dass es »nicht fließt« zwischen Peter und ihren Eltern, was sie sehr traurig machte, weil sie Peter sehr liebt. Sie kennt ihn als fröhlich, gesellig und erlebt gerade auch in Gemeinschaften amüsante Stunden mit ihm – nur bei Begegnungen mit den eigenen Eltern herrscht eher Stimmung wie an einem Pokertisch oder bei einem Begräbnis.

»Jetzt verstehe ich dich« – ein Rollengespräch zwischen Peter und seinem Schwiegervater

Oft hätten wir im Alltag die Sehnsucht nach Klärung und Entspannung durch ein Gespräch mit einer Person, mit der wir in Konflikt sind. Und ebenso oft fehlen uns die Kraft, der Mut, die direkte Möglichkeit und leider auch die Mittel, um so ein Gespräch so führen zu können, dass dadurch Klarheit, Frieden und Verbindung entstehen. Meist besteht die Angst, dass dadurch neue Verletzungen entstehen könnten und alles nur noch schlimmer wird. Oft haben wir auch Angst, Urteile oder weitere Bewertungen zu erfahren, die uns tief treffen und schmerzen. Wenn wir bewusst und ehrlich hinschauen, sehen wir: Urteile, die wir fürchten, oder auch ausgesprochene Urteile, die uns treffen, sind genau die, die wir insgeheim selbst über uns fällen. Was uns trifft, betrifft uns. Was wir von außen als Urteil fürchten, ist das Negative, das wir selbst manchmal blass schwelend über uns denken.

Urteile, die wir fürchten, sind genau die, die wir insgeheim selbst über uns fällen.

Aus all den obigen Gründen neigen wir nach Konflikten meist dazu, entweder im Stillen weiterzuschmoren oder mehr mit anderen Personen über den Konflikt zu sprechen – was äußerst selten hilfreich ist. Die wenigsten Mitmenschen haben nämlich gelernt, beim Zuhören innerlich niemanden zu bewerten und auszugrenzen – sprich, keine Partei zu ergreifen. So werden Sie nun von Ihrer Freundin oder mit wem Sie über Ihre Probleme sprechen, entweder in Ihren Sicht- und Erlebensweisen moralisch unterstützt – das streichelt und entlastet zwar erst mal vordergründig, trennt Sie letztlich aber innerlich noch mehr von dem Menschen, mit dem Sie im Konflikt sind. Oder der gewählte Gesprächspartner stellt sich innerlich mehr an die Seite Ihres Konfliktpartners, bringt Verständnis für diesen auf oder rechtfertigt dessen Verhalten – was Ihnen auch nicht wirklich hilft.

Es gibt aber einen Ausweg, über einen anderen Menschen in einen Kontakt mit uns selbst und einer nicht direkt anwesenden Person zu kommen: das *Rollengespräch*. Es gibt uns im therapeutischen Setting oft Möglichkeiten zur Hand, die noch weitgehend unterschätzt werden. Wir können den Betroffenen selbst einladen, ein Gespräch mit uns zu führen unter der Vorstellung, ich sei zum Beispiel seine Schwiegermutter oder eben sein Schwiegervater. Oder wir können dem Betroffenen anbieten, dass wir ihn selbst vertreten und er soll die Rolle der anderen Partei »spielen«. Ein wichtiges Element ist dabei natürlich, dass der Therapeut kommunikative Mittel mit einfließen lässt, die in einem alltäglichen Gespräch meist vollkommen fehlen. Wo diese sprachlichen Mittel fehlen, entwickeln sich Gespräche im Alltag meist nicht erleichternd und klärend, sondern leider in den meisten Fällen oft als noch mehr belastend.

Wir sind in so einem Rollengespräch vor allem bestrebt, tief in das Erleben des anderen einzutauchen, seine Gefühle und wahren Bedürfnisse und Wünsche herauszuhören und zu benennen. Ebenfalls versuchen wir zur rechten Zeit, alles zum Ausdruck zu bringen, was wir selbst fühlen, wenn wir dem anderen zuhören und uns in seine Weltsicht begeben. Das geschieht ohne jegliche Schuldzuweisung an uns selbst und an den anderen. So darf alles ausgesprochen werden, ohne dass Verteidigungen oder Gegenangriffe stattfinden, wie leider meist sonst im Alltag. Gefühle werden benannt und mit Bedürfnissen in Zusammenhang gebracht – niemand ist schuld an etwas, was eine angenehme Ebenbürtigkeit und Wertschätzung im Gespräch zur Folge hat. Es hört sich für unsere Ohren oft vollkommen ungewohnt an, wenn jemand ohne Verteidigungen, Gegenargumente, Beschwichtigungen oder was auch immer spricht. Das ist für viele vollkommen neu. Wenn beide Seiten sich wirklich auf das Rollenspiel einlassen, werden die Emotionen und das Wesentliche zugänglich, das in beiden »gespielten« Menschen vor sich geht.

Nicht nur einmal habe ich in Beratungen und solchen Sitzungen erlebt, dass mein Gegenüber oder auch ich selbst in der vertretenen Rolle in Tränen ausgebrochen ist/bin. Ein weiteres Phänomen ist, dass diese Gespräche über das »Medium« Therapeut oder Klient offenbar auch auf die Menschen wirken, die vertreten werden – ähnlich wie in Familienaufstellungen, wo Kinder oder Beziehungen sich auf einmal entspannen, obwohl nie darüber berichtet wird, dass eine Aufstellung zu diesem Thema gemacht wurde.

Hier folgt nun ein Rollengespräch, das mit besagtem Paar, hier mit Peter, aufgrund der schwierigen Beziehung zu seinen Schwiegereltern geführt wurde. Peter (P) spricht mit seinem Schwiegervater (SV), vertreten durch den Therapeuten:

P: »Ja, ich weiß jetzt gar nicht so recht, wie ich anfangen soll, bin sehr aufgeregt.«

SV: »Bist du aufgeregt, weil dir das Thema sehr wichtig ist und dir ein entspannter Gesprächsverlauf wichtig wäre?«

P: »Ja.« (Atmet tief ein und spricht erst nach einer Weile Stille weiter.) *»Ich finde unsere Beziehung furchtbar. Ich bemühe mich immer, aber irgendwie kommt nichts zwischen uns zustande. Ich weiß nicht, was ihr gegen mich habt …«*

SV: »Du würdest dir die Beziehung zu uns also anders und vor allem wohl leichter wünschen?«

P: »Ja. Wir sitzen immer da und schweigen uns an. Ich habe ständig das Gefühl, dass ihr nur skeptisch mir gegenüber seid!«

SV: »Unsere Begegnungen belasten dich also, weil du

dir das weit entspannter und lebendiger mit uns wünschen würdest?

P: »Ja, absolut.«

SV: »Verzweifelt dich das, weil du auch keinen Weg siehst, wie sich das ändern könnte?«

P: »Ja. Was soll ich denn noch probieren? Ich bin ja eh so bemüht und zugewandt, wie es nur geht!«

SV: »Hört sich an, als hättest du schon viel versucht und bist frustriert, weil es nicht fruchtet. Wäre dir auch wichtig, dass wir deine Bemühungen, unsere Beziehung gut zu gestalten, auch sehen und wertschätzen?«

P: »Ja, das wäre mal was. Aber ich wüsste nicht, wie das aussehen könnte.«

SV (nach einer Weile Stille): *»Möchtest du mir gerade noch etwas sagen oder möchtest du hören, wie es mir gerade geht?«*

P: »Ich möchte schon noch was sagen. Ihr seid eigentlich so nette Leute und ich verstehe einfach nicht, warum das mit uns nicht leichter sein kann.«

SV: »Macht es dich traurig, wenn du nicht den Zugang zu uns findest wie vielleicht andere Menschen?«

P: »Ja. Ich verstehe es einfach nicht. Wenn andere Gäste da sind, seid ihr freundlich, offen und herzlich.«

SV: »Und das ist tief traurig für dich, weil du dich dann nicht wirklich zugehörig fühlst. Würde es für dich auch Wertschätzung bedeuten, wenn wir mit dir auch entspannter umgehen würden?«

P: »Ja, klar. Ihr behandelt mich wie jemanden, vor dem man Angst haben müsste oder dem man nicht trauen kann!«

SV: »Offenheit und Leichtigkeit mit uns würde für dich also auch Vertrauen und Wertschätzung bedeuten?«

P: »Ja, klar.«

SV (nach einer Weile Stille): *»Möchtest du mir noch etwas sagen oder möchtest du nun hören, wie es mir geht?«*

P: »Ja, ich möchte sehr gerne hören, wie es dir geht.«

SV: »Als Erstes möchte ich dir für deine Offenheit danken. Ich habe dadurch Klarheit und fühle auch mehr Verbundenheit zu dir. Und ich bin auch in Kontakt mit einem Schmerz in mir. Auch ich spüre eine Traurigkeit über unsere gegenwärtige Beziehung. Die Bedürfnisse nach Leichtigkeit, Freude und Verbundenheit sind auch die meinen.«

P (unterbricht): *»Aber warum seid ihr dann so reserviert, wenn ihr es auch anders wollt?«*

SV: »Du brennst richtig auf Klarheit. Wahrscheinlich gibt es noch ein anderes Bedürfnis in mir, das ich erst noch in mir herausfinden muss. Wenn ich so reinspüre, ist da schon etwas Vorsichtiges – vielleicht also das Bedürfnis, mich zu schützen, oder das Bedürfnis nach Sicherheit und Klarheit.«

P: »Wieso schützen? Ich tu euch doch nichts, ich bin euer Schwiegersohn!«

SV: »Das ist schlimm für dich, weil du dir Verbundenheit und Entspannung wünscht. Und du nimmst es persönlich, was es meinem Gefühl nach nicht ist – ich bin nur vorsichtig in mir, merke ich.«

P: »Das ist genau der Sch ..., den ich immer merke bei euch – null Vertrauen, Skepsis und wahrscheinlich noch Vorurteile ohne Ende!«

SV: »Deine Wut zeigt mir, dass du schon viel unter der Situation gelitten hast. Dass du manchmal vielleicht alles hinwerfen möchtest. Da ist total viel Schmerz. Ich möchte dir eine Sicht anbieten: Also da ist ein Bedürfnis nach Selbstschutz und Sicherheit in mir – woher auch immer. Wie ist das, wenn du das hörst?«

P: »Es ärgert mich, weil ich euch ja nichts tun will!«

SV: »Ja, ich sehe, dass es dich sehr wütend macht, weil du dir fast keines deiner Bedürfnisse im Kontakt mit uns erfüllen kannst. Wie ist das für dich, wenn ich das sage?«

P: »Es stimmt genau so.«

SV: »Und wie wäre es für dich, wenn du den Hintergrund verstehen und erkennen könntest, dass mein Bedürfnis nach Sicherheit und Selbstschutz nichts mit dir persönlich zu tun hat?«

P: »Das wäre eventuell entspannend.«

SV: »Leider kann ich dir nicht garantieren, dass ich das je in mir herausfinde – aber es ist für mich schon sehr entspannend, wenn du für möglich hältst, dass es nicht unbedingt mit dir persönlich zu tun hat. Ich möchte nämlich nicht, dass du unter unserer Beziehung leidest. Sieh für diesen Moment einfach, dass ich ein Bedürfnis nach Sicherheit und Selbstschutz habe. Auch wenn es dich schmerzt, dass deine Bedürfnisse dadurch mit mir gerade nicht erfüllbar sind.«

Sie können sich vielleicht vorstellen, an wie vielen Stellen im gewöhnlichen Alltag dieses Gespräch bereits gekippt oder eskaliert wäre. Gleich zu Anfang, auf die Worte »Ich finde unsere Beziehung furchtbar. Ich weiß nicht, was ihr gegen mich habt« wäre wohl eher eine Verteidigung als ein Einfühlen gekommen. Vielleicht ein »Na, hör mal, wie kommst du denn auf diesen Unsinn?« oder ein »Das stimmt doch gar nicht!«. Oder was wäre später als Antwort gekommen – wobei es dann ja wohl gar nicht mehr bis zu diesem Punkt gekommen wäre, nach den Worten »Das ist genau der Sch..., den ich immer merke bei euch – null Vertrauen, Skepsis und wahrscheinlich noch Vorurteile ohne Ende!«. Was wäre die gewöhnliche Antwort? Tendenziell wohl »Jetzt reicht's!«, »Unerhört! Was glaubst du, wer du bist?« oder »Du kannst jetzt gehen, raus hier!«

Lassen Sie für eine Weile die unzähligen Möglichkeiten in sich fühlbar werden, wie vielfältig sich Gespräche nur aufgrund einer Antwort, einer Reaktion entwickeln können. Wie weit wäre dieses Gespräch mit Ihnen gekommen, wann hätten Sie auf Ihre Art und Weise dagegengehalten? Wer versteht, wie wenig wir kommunikativ auf unserem Lebensweg ausgebildet werden, wird meinen Wunsch verstehen, dass eines Tages Gewaltfreie Kommunikation nach Marshall Rosenberg ein Hauptfach in der Schule sein wird. Würde es uns gelingen, die Sekunden in Konflikten in den Griff zu bekommen, wären uns viele entspannte Jahre geschenkt.

Konflikte tiefer zu verstehen, schenkt uns Entspannung.

In diesem wahrlich nicht leichten Gespräch ging es, wie so oft, dadurch weiter, dass eine wesentliche neue Information in das Gespräch mit einfloss. So eine Information kann spontan als Idee ausgesprochen werden, als Impuls aus dem Unbewussten kommen oder auch vom Therapeuten erfragt werden aufgrund eines Gefühls in sich.

P: »Vielleicht hat es damit zu tun, dass Sarah von ihrem letzten Partner wegen einer anderen Frau auf einmal verlassen wurde und ihr euch schwer tut, nun wieder Vertrauen aufzubauen.«

SV: »Das kommt tief in mir an. Das fühlt sich sehr stimmig an in mir. Wie lange waren die beiden zusammen, was war?«

P: »Drei Jahre. Ihr hattet ihn sehr gerne, glaube ich.«

SV: »Ja. Das macht mich jetzt sehr traurig. Ich verstehe jetzt, warum es mir so schwerfällt, mich offen auf dich zuzubewegen. Ich habe Angst, wieder enttäuscht zu werden – wieder viel Freude in eine Beziehung meiner Tochter mitzuinvestieren, die dann vielleicht wieder enttäuscht wird. Der Schmerz war damals auch sehr groß für uns. Kannst du nun mein Bedürfnis nach Sicherheit und Selbstschutz verstehen?«

P: »Ja. Das berührt mich jetzt sehr, wenn du das so sagst. Dann liegt es wirklich nicht so an mir. Ich glaube, ihr braucht einfach Zeit und die Beobachtung, dass es uns gut geht, um wieder Vertrauen fassen zu können. Danke.«

SV: »Ja. Genau das brauchen wir. Ich danke dir für deine Geduld und all die Kraft, die du bereits aufgewendet hast.«

Peter war nun sehr berührt und erleichtert. Er hatte durch das Rollenspiel sowohl all seine negativen Gefühle frei ausdrücken können, ohne dafür angegriffen oder beurteilt worden zu sein, als auch mehr Klarheit über die Hintergründe des Verhaltens der Schwiegereltern erhalten. Zweiteres ist wie gesagt nicht immer möglich, weil die Hintergründe für das Verhalten anderer und unser eigenes Erleben dieses Verhaltens oft weit in der Vergangenheit im Verborgenen liegen. Aber selbst dann ist so ein herzlich-menschliches Gespräch tief heilsam, entspannend und klärend.

Es entlastet uns, wenn wir Klarheit über unsere Gefühle erhalten. Diese Klarheit entsteht dadurch, dass wir uns über unsere wahren Bedürfnisse klar werden. Wir erkennen, dass wir aufgrund dieser Bedürfnisse unsere Gefühle produzieren – im Konflikt negative. Wenn ich mein Bedürfnis erkenne, verstehe ich mich in meinen Emotionen und das entspannt. Noch tiefer heilsam wird dieser Prozess, wenn sich unser Bewusstsein und Herz auf die Bedürfnisse des Konfliktpartners ausdehnen und mit in den Blick kommen. Dann kann ich nicht mehr so hart über den anderen urteilen – denn die Bedürfnisse verbinden mich mit ihm. Wir haben alle die gleichen Bedürfnisse, wir haben nur andere Versuche und Wege, andere Strategien, sie uns zu erfüllen. Und wie bereits beschrieben, verursachen vor allem die Urteile über andere und das Unverständnis für andere in uns die Wellen von negativen Emotionen und Leid. Wo Klarheit und Verständnis entstehen, wenn auch nur im Stillen, weichen die Urteile und damit eigenes Leid und die innere Distanz zum Mitmenschen.

Klarheit über Gefühle und Bedürfnisse führt zu neuen Möglichkeiten.

Wie bereits erwähnt, haben solche Rollenspiele auch Wirkung auf die repräsentierten, nicht anwesenden Personen. Wir können uns in alles und jeden hineinversetzen, weil wir von nichts und niemandem wirklich getrennt sind. Daher ist alles, was wir dann klären und in uns lösen können, auch für die »Originalperson« als Information vorhanden und auch in ihr bereits still wirksam. Die Einsicht, dass der Raum zwischen den Dingen nicht leer ist, sondern voll mit Information, und permanent Informationsübertragung stattfindet, öffnet den Wissenschaften neue und teils noch unerklärliche Sichtweisen und Phänomene.

Wenn Ihnen solche Aussagen Angst machen oder unseriös erscheinen, können Sie sich Veränderungen im Umgang auch so erklären, dass uns die anderen Menschen nur anders erscheinen und vorkommen, weil sich in uns zu ihnen etwas geändert und geklärt hat. Wir strahlen dann quasi etwas Neues aus, begegnen ihnen anders und dadurch wandelt sich auch deren Verhalten uns gegenüber – und so die Beziehung zueinander. Unsere Körperhaltung, unsere Mimik und Gestik, unsere Intonation beim Sprechen – all das wird von unseren unbewussten Haltungen einem Menschen gegenüber unmittelbar in unserem Körperausdruck übersetzt und bewirkt bei diesem Menschen oder einer Gruppe ein Verhalten, das damit in Resonanz geht. Daher ist jede Wandlung in uns selbst so kraftvoll, dass sie die erlebte Welt und unsere Beziehungen verändert.

Jede Wandlung in uns selbst ist so kraftvoll, dass sie die erlebte Welt und unsere Beziehungen verändert.

Ebenso könnten wir auch sagen, dass sich einfach unser inneres Bild von diesem Menschen geändert und erweitert hat und wir ihn deshalb neu und anders wahrnehmen. Dieses Phänomen wird in der Psychologie »selektive Wahrnehmung« genannt – wir nehmen das verstärkt wahr, was wir dem anderen innerlich zuschreiben. Was nicht in unser inneres Raster passt, wird nicht so deutlich oder gar nicht wahrgenommen. So zementiert sich eine ungute Meinung über jemanden, weil wir tendenziell all das stärker wahrnehmen, was dieses Negativbild bestätigt. Verwandt damit ist auch der Begriff der selbsterfüllenden Prophezeiung. Entsteht durch tiefes Einfühlen und Verstehen in einen Menschen ein neues, erweitertes Bild in uns, das diesen Menschen begreifbarer, klarer und vielleicht liebenswürdiger in uns macht, ist dies der Beginn einer neuen Beziehung und Wahrnehmung zu diesem Menschen.

So war es auch bei Peter. Durch das Gespräch und seine Einsichten konnte er sich wieder mit den Schwiegereltern gut treffen, nahm Anflüge von Zurückhaltung nicht mehr persönlich und die Beziehung verbesserte sich stetig zum Guten. Spannenderweise erlebte er die Schwiegereltern nun als zugewandter und auch interessierter – hat sich nun nur Peter verändert oder auch die anderen?

Sie entscheiden, was Sie hören

Machen Sie sich einmal bewusst, dass all Ihre Konflikte, die Sie in sich oder mit anderen Menschen haben, auch auf mangelnder Kommunikation, auf verzerrtem Informationsaustausch beruhen. Für den einen mag es ein Verhalten des Schwiegervaters sein, das ihn auf die seelische Palme bringt. Für eine andere mag es das Schweigen sein, die Mimik oder Gestik in bestimmten Momenten. Für wieder andere kann es die Wortwahl und der verbundene Tonfall einer Schwiegertochter sein, die in emotionale Achterbahnen führt.

Alles, jedes Tun und Lassen, jeder Tonfall, jede Mimik, jede Körperhaltung und jedes Schweigen transportiert eine Botschaft und Information. Kommunikation ist unvermeidbar.

Ebenso ist wichtig zu sehen, dass es unermesslich viele Möglichkeiten gibt, solche Kommunikationen zu »übersetzen« und zu deuten. Was jemand sagt oder signalisiert, ist noch lange nicht das, was ein anderer versteht oder meint zu erkennen durch seine Interpretation. Wir können ein Schweigen, das Unsicherheit oder Unklarheit ausdrücken möchte, persönlich nehmen, indem wir es als Ignoranz oder Abwertung deuten. Damit wird nicht das Schweigen, sondern unsere Deutung davon schmerzhaft für uns. All das gehört zum täglichen Leben, tausendfach. Und all das beinhaltet sowohl das Potenzial zu Schmerz wie auch zu Liebe und Verbundenheit.

Da diese Zusammenhänge auch für unser Thema von hoher Bedeutung sind, möchte ich noch weitere Einblicke in die Welten der Kommunikation geben – darüber, wie wir mit uns selbst in unserem Kopf reden und auch, wie wir mit anderen in Verbindung kommen können. Ich tue dies aus den Einsichten und Erfahrungen eines Menschen, der hier unschätzbare Pionierarbeit geleistet hat: Marshall B. Rosenberg.

Bedürfnisse erkennen – Gefühle und Verhalten verstehen

Ich erinnere mich an eine Radiosendung, in der ich ein Interview mit Marshall Rosenberg hörte. Er erzählte dabei von einer Begegnung, die er im Ausland hatte. Der Verlauf dieser Begegnung ließ damals tiefe Rührung in meinem Herzen aufsteigen. Rosenbergs Sprache geht direkt zum Herzen, das war für mich sofort erfahrbar. Ich kann die Begebenheit hier nicht exakt wiedergeben, die Essenz seiner Aussagen möchte ich jedoch darstellen.

Rosenberg war auf dem Weg zu einem Vortrag in einem Krisengebiet. Vor dem Zelt sah er in näherer Umgebung Patronen auf dem Boden liegen, auf denen stand »Made in USA«. Kaum auf dem Podium im Zelt angekommen, sprang ein Teilnehmer auf und schrie ihn an: »Mörder!«

Rosenberg und solche, die seine Lehre bis in den letzten Winkel ihres Wesens verinnerlichen können, hören keine Angriffe mehr. Sie hören auch keine Urteile und Bewertungen mehr. Sie haben Ohren, mit denen sie nur noch auf das hören, was hinter den benutzten Worten und gezeigten Emotionen ist: die wahren Bedürfnisse. Da wir diese nicht immer gleich wissen können, ist es oft äußerst hilfreich, einfach zu fragen und Vermutungen auszusprechen. Wenn diese Vermutungen nicht stimmen, kommt gewiss eine weitere Äußerung, die uns näher an das heranführt, was wir verstehen möchten: Wir möchten wissen, was das andere Wesen wirklich bewegt. Und wir möchten wissen, was wir dazu beitragen können, die Welt für dieses Wesen zu einem schöneren Ort werden zu lassen. Damit bleibt unser Herz mit dem wahren Wesen eines Menschen in Verbindung und wir versuchen, diese Verbindung wirklich zu bekommen und zu fühlen. Das bedeutet nicht, dass wir selbst uns überall anpassen oder nicht mehr äußern, was in uns los und lebendig ist – oh nein! Das wäre Gewalt gegenüber uns selbst. Auf diesem Weg wird jedoch klar, dass wir erst gehört werden vom anderen, wenn er wirklich fühlt, dass wir ihn verstehen und nicht beurteilen wollen. Dann öffnen sich auch sein Herz und seine Ohren für uns und unsere Bedürfnisse. Vorher geht das nicht wirklich.

Wir möchten wissen, was andere wirklich bewegt.

Das sind wundervolle Grundhaltungen in der Gewaltfreien Kommunikation (GFK). Und diese Grundhaltungen sind auch im tiefsten Sinne spirituell und in jeder Religion seit Jahrtausenden angestrebt: Wir wissen vom Guten, Liebenswerten im anderen – und wir wollen damit in Verbindung kommen. Wir suchen also hinter den Kulissen und Masken von Vorwurf, Angriff oder Bewertung die »Schönheit der wahren Bedürfnisse« dahinter.

Also antwortete Rosenberg auf den vermeintlichen Angreifer, der »Mörder!« schrie, sinngemäß so: »Sir, ist es so, dass es viele Missstände in Ihrem Land gibt und Sie nicht die Unterstützung erhalten, die Sie sich wünschen würden?« Rosenberg vermutete eine Verbindung zu den Patronen aus den USA und lag richtig damit. Das grenzt hier natürlich schon an Hellfühligkeit – aber wie gesagt: Hätte diese Vermutung nicht gestimmt, wäre eine Aussage gekommen, die näher herangeführt hätte. Und dann wäre Rosenberg eben damit in die Herzverbindung gegangen.

Der Aufgesprungene war für einen Moment sehr verdutzt und sprach dann weiter, allerdings musste er schon nicht mehr schreien: »Sie haben verdammt recht. Wir sind krank und haben faules Wasser – und ihr schickt uns Waffen.«

Da Rosenberg keine Vorwürfe hört, sondern diese als Einladung sieht, ein Bedürfnis erkennen und möglicherweise erfüllen zu dürfen, braucht er sich auch nicht zu rechtfertigen – er antwortete sanft: »Ja. Es muss ungemein schmerzlich sein, wenn so wesentliche Bedürfnisse nicht erfüllt sind und das nicht gesehen wird. Für Sie geht es um die Versorgung und Sicherheit Ihrer Lieben und Sie wünschen sich sehnlich Unterstützung aus dem Ausland – und das, was kommt, erfüllt keines Ihrer Bedürfnisse. Das ist traurig.«

Das war der Moment, an dem ich damals Tränen in die Augen bekam. Und der Mann, der »Mörder!« geschrieen hatte, fühlte auch eine friedensstiftende Berührung in sich – da war jemand, der ihn wirklich in seiner Not sah und verstand. So können wir sehen, dass aus einem Menschen, den wir vorschnell als gefährlich oder gar als Psychopath einstufen würden, auf einmal ein Mensch sichtbar wird mit den gleichen Bedürfnissen wie wir und mit einem Herz, das fühlt wie unseres. Meine Rührung mündete in ein erfülltes Lächeln, als die Geschichte damit endete, dass dieser Mann am gleichen Abend Rosenberg zu sich und zu seiner Familie zum Ramadan-Essen einlud. Welche wundersame Macht hat diese Sprache, welche Macht hat diese gelebte Liebe. Danke Marshall Rosenberg!

Dieselbe Situation hätte bei einem anderen Referenten einen ganz anderen Verlauf nehmen können. Wer auf den vermeintlichen Angriff reagiert hätte mit: »Ich bin bestimmt kein Mörder. Ich bin hier, um einen Vortrag über Kommunikation zu halten, und bitte Sie um Ruhe«, hätte niemals die Verbindung zu diesem Mann erhalten wie Rosenberg. Wahrscheinlich wäre der nächste Zuruf gekommen. Und die nächste Rechtfertigung des Referenten, vielleicht schon mit der Androhung, nun endlich ruhig zu sein, da dies die Veranstaltung störe. Ordner hätten früher oder später eingegriffen ... So können wenige Worte und vor allem die Haltung des Herzens in wenigen Sekunden über Gewalt, Bewertung und Trennung oder eben über Frieden, Wertschätzung und herzliche Verbundenheit entscheiden.

Das Gleiche gilt für Ihr Umfeld. Für Ihren Partner, Ihre Kinder, Ihre Eltern und Schwiegereltern. Worte können trennen und verbinden. Ich bin mir sicher, dass Zeiten kommen werden, in denen sich diese Art von Sprache so weit ausbreitet, dass die Gewalt mehr und mehr aus unserem Denken und damit aus unserem Handeln und unserer Welt weicht und Wertschätzung, Verbundenheit und Unterstützung Einzug halten. Und jeder, der diese Sprache spricht, beeinflusst und unterstützt sich und sein gesamtes Umfeld im positivsten Sinne.

Diese Art zu kommunizieren ist weit mehr und etwas ganz anderes als eine simple Technik. Diese Sprache verändert segensreich unser Denken ebenso wie unsere Wahrnehmung und Interpretation von Situationen. Dieser Weg führt uns ebenso zu uns selbst wie in die Verbindung mit unseren Mitmenschen. Genau betrachtet ist die GFK ein Weg zu gelebter Wertschätzung und Liebe – anderen und vor allem auch uns selbst gegenüber. Hier geht es nun nicht darum, ein Kommunikationsspezialist zu werden – das ist mit ein paar Seiten in diesem Buch kaum möglich. Die GFK kann Ihnen hier aber wesentliche Einsichten vermitteln, Ihre Gefühle und Reaktionen auf Ihre Schwiegereltern, Ihren Partner oder Ihr Kind besser verstehen zu lernen. Und auch, um die Verhaltensweisen eben dieser nächsten Mitmenschen besser verstehen zu können und dadurch mehr in Frieden damit zu kommen. Damit verändert sich bereits viel in Ihrer *inneren* Kommunikation. Das ist hier und jetzt möglich.

Gewaltfreie Kommunikation ist ein Weg zu gelebter Wertschätzung und Liebe.

Bedürfnisse, die uns alle verbinden

Wenn Schwiegermütter »sich einmischen«, Schwiegerväter »neugierig« sind und junge Leute »empfindlich oder arrogant« sind, haben wir bereits wieder Urteile und Bewertungen auf dem Tisch – und die führen nicht zum Kern der Wahrheit. Urteile trennen uns innerlich von unseren Mitmenschen und schaffen ein Gefälle: Wir sind dann »richtig« und der andere »falsch«. Oder umgekehrt.

Wenn wir in eine friedliche, innere Wahrheit und Haltung vordringen möchten, beginnt es mit der Einsicht: Alles Tun und Lassen ist ein Ausdruck von Bedürfnissen. Oder manchmal ein eher kümmerlicher, weil nicht zielführender Versuch, unsere Bedürfnisse zum Ausdruck zu bringen oder zu erfüllen. Hier folgt auszugsweise gleich eine Liste von Bedürfnissen, die Sie gewiss auch bei sich kennen.

Alles Tun und Lassen ist Ausdruck unserer Bedürfnisse.

Und fragen Sie sich ruhig mit innerem Blick auf Ihre Schwiegereltern, Ihre Kinder oder Ihre Familie, ob da irgendjemand ist, der diese Bedürfnisse nicht hat. Ob da irgendjemand ist, der nicht glücklicher wäre, wenn er Wege finden würde, mit denen er sich diese Bedürfnisse erfüllen könnte. Ob da irgendjemand ist, der nicht tief berührt und dankbar wäre, wenn ein nahestehender Mensch diese Bedürfnisse in ihm erkennt und bestrebt ist, gemeinsame Wege zu deren Erfüllung zu finden.

Die hier aufgelisteten Bedürfnisse haben *alle* Menschen, wir haben nur unterschiedliche Wege und Versuche, uns diese zu erfüllen. Die wahren Bedürfnisse sind der goldene Schatz, über den wir uns verbinden und versöhnen können. In diesen Bedürfnissen können wir uns gegenseitig als seelische Wesen mit den gleichen Wünschen und Sehnsüchten im Herzen wiedererkennen.

Ausgleich
Authentizität/Echtheit
Autonomie/Eigenständigkeit
Ebenbürtigkeit
Entspannung/Ruhe
Freiheit
Freude
Friede
Gesundheit
Klarheit
Kontakt
Lebendigkeit
Leichtigkeit
Liebe
Respekt
Selbstschutz
Sicherheit
Sinnhaftigkeit unseres Daseins und Wirkens
Spontaneität

Unterstützung
Verbundenheit
Verlässlichkeit
Wertschätzung
Zugehörigkeit

Die verbindende Wahrheit *hinter* dem Urteil

Anstatt Menschen zu beurteilen, haben wir die Chance, herauszufinden, was wirklich in diesen vorgeht – was deren und auch unsere wahren Bedürfnisse sind. Denn wir haben es mit einer großen Tücke zu tun: Ihre Schwiegereltern, Ihre Tochter, Ihr Partner und andere sprechen oft sehr verschlüsselt. Sie sprechen in emotionalen Angelegenheiten in Vorwürfen, Bewertungen und Angriffen und versuchen dadurch verzweifelt, etwas tief Menschliches zum Ausdruck zu bringen: eines oder mehrere der oben aufgeführten Bedürfnisse. Wenn wir jedoch nicht gelernt haben, durch die benutzten Worte »hindurchzusehen« und auf das zu horchen, was dahintersteckt, misslingen unsere Gespräche und Beziehungen – letztlich misslingt dann sogar das Leben selbst in seiner möglichen Schönheit. Es ist fast so, als müssten wir hinter den benutzten Worten und Botschaften wie ein Geheimagent einen Code entschlüsseln, der die Wahrheit offenbart.

Es ist wichtig, die wahren Bedürfnisse hinter den Worten zu entschlüsseln.

Manche fragen sich nun vielleicht: »Warum sollte ich das tun?« Dafür gibt es zwei gute Gründe. Zum einen, weil Sie lange warten können, wenn Sie auf die Wandlung anderer Menschen oder Situationen für Ihr Glücklichsein spekulieren. Zum anderen, weil Frieden in uns einkehrt, wenn wir die Bedürfnisse in uns und anderen klarer sehen können – Bedürfnisse klären und verbinden uns! Sie selbst haben dann weit weniger Stress und Ärger durch Konflikte in Ihrem Leben – und den Preis für Disharmonien zahlen vor allem Sie selbst. Andererseits fließt der weiche Lohn einer Wandlung in Ihren Sichtweisen zu hundert Prozent Ihrer Lebensqualität zu. Sie erhalten mehr Klarheit, innere Entspannung und vieles mehr. Das setzt allerdings voraus, dass Sie bereit sind zu Eigenverantwortung und damit aufhören, in der Opferhaltung auf die Wandlung der Welt »da draußen« zu warten. *Sie* sind am Zug, wenn Sie in eine neue Welt reisen wollen.

Wenn Ihr Schwiegervater sich »in alles einmischt«, so ist sein Verhalten eine Strategie, ein Versuch, sich Bedürfnisse zu erfüllen, die Sie selbst auch bestens kennen. Vielleicht versucht er, Zugehörigkeit und Verbundenheit fühlen zu können. Gewiss hat er auch den Wunsch nach gefühlter Anerkennung und Wertschätzung. Vielleicht hofft er auch auf Leichtigkeit, Lebendigkeit und Freude, die er wahrnimmt, wenn er etwas für die junge Generation tun kann. Die wenigsten können so ehrlich mit sich selbst sein, anzuerkennen, dass sie auch sich selbst ein Bedürfnis erfüllen, wenn sie etwas für andere tun. Das gilt für jeden Menschen: Was Sie auch tun, es erfüllt oder soll eines Ihrer Bedürfnisse erfüllen.

Jedes Tun ist darauf ausgerichtet, Bedürfnisse zu erfüllen.

Tragisch ist nur, dass die gewählten Strategien leider oft überhaupt nicht funktionieren! Obiger Schwiegervater bekommt vielleicht anstatt der erhofften Wertschätzung und Verbundenheit immer wieder Ablehnung und Abgrenzung zu spüren – das Gegenteil dessen, was er möchte. Das führt oft zu schmerzhaften Konflikten. Und niemand ist dabei schuld. Es geht darum, sich über die Beweggründe klar zu werden: Die anderen Beteiligten, hier die junge Generation, sehen sich vielleicht in ihren Bedürfnissen nach Autonomie und Wertschätzung ihrer Lebensweise durch den Schwiegervater beeinträchtigt – und schon besteht ohne die »richtigen Ohren und Zungen« ein scheinbar unlösbares Problem.

Wer Wertschätzung, Zugehörigkeit und Verbundenheit bräuchte und diese nicht erfährt, kann in Depression oder Aggression verfallen oder sogar tätlich werden. Die wenigsten würden hier noch ihr Herz einschalten, sondern mehr den urteilenden Kopf, der dann meist auch abwertend geschüttelt wird. Sobald wir im Herzen durch ein Verhalten eines anderen Menschen hindurchsehen und das Bedürfnis dahinter erahnen können, stellt sich in uns Ruhe und Verbindung ein – denn das dort gefundene wahre Bedürfnis kennen wir selbst auch immer bestens. Das ist dann das friedensstiftende Bedürfnis: Ich erkenne den anderen dann wieder unmittelbar als menschlich oder gar als liebenswertes Wesen, auch wenn er sich im Moment noch so unangenehm oder merkwürdig verhalten mag. Wenn wir nicht auf die Verhaltenskulisse, sondern auf die Bedürfnisebene schauen, können wir nicht urteilen.

Bedürfnisse sehen statt über Strategien urteilen

Es spricht mit Sicherheit nichts gegen das Bedürfnis nach Leichtigkeit, Freude und Lebendigkeit. Sie mögen es sich vielleicht über Sport, Theater oder anregende Gespräche und Filme erfüllen. Was aber, wenn Ihr Partner oder Schwiegersohn sich diese Bedürfnisse regelmäßig in einem Spielkasino erfüllen möchte? Dann urteilen wir meistens schnell: Wir sind überzeugt, dass das nicht okay ist, dass das nicht so gehen kann. Und dieses Urteil enthält bereits Gewalt. Viele mögen jetzt vielleicht innerlich aufschreien, und doch, ja, es ist Gewalt!

Gewiss spricht auch nichts gegen das Bedürfnis nach Sicherheit und Klarheit. Wenn Ihr Partner oder Ihr Schwiegervater dies jedoch über die Strategie erfüllen möchte, immer genau wissen zu wollen, was Sie wofür ausgegeben haben und wo Sie zu welcher Tageszeit waren, wird es wahrscheinlich schwierig. Aber nur, wenn Sie ein Bedürfnis nach Autonomie haben – die wäre dann nämlich beeinträchtigt. Ebenso könnte es Ihr Bedürfnis nach Wertschätzung und Ebenbürtigkeit beeinträchtigen, das Sie fühlen, wenn man Ihnen und Ihrer Lebensart vertraut. Ansonsten könnten Sie täglich ganz entspannt die gewünschten Informationen geben und würden dies ganz in Ordnung finden oder sogar freudig als reges Interesse an Ihrer Person und Ihrem Leben interpretieren und empfinden.

Wenn der Vorwurf – von wem auch immer – kommt: »Musst du denn schon wieder aufräumen?«, ist es gewiss eine Kunst, dahinter sein Bedürfnis nach Entspannung zu erkennen, die einem schwerfällt, wenn Aktivität im Umfeld stattfindet. Schwierig ist es auch, das Bedürfnis nach Ebenbürtigkeit, Ausgleich und Leichtigkeit zu sehen, wenn der sich Beklagende das drückende Gefühl hat, dass der Kritisierte immer mehr tut und einbringt, als er selbst dies kann und will. Ebenso kann der sich hier Beklagende nicht sehen, dass sich der Aufräumende gerade durch seine Aktivität Bedürfnisse erfüllen möchte. Vielleicht auch nach Entspannung, die sich bei ihm einstellt, wenn Ordnung ist, oder auch nach Leichtigkeit, wenn er etwas erledigt hat, was er schon länger tun wollte.

Wenn der Schwiegervater gegenüber der jungen Generation poltert: »Ihr wisst ja gar nicht, wie gut es euch geht!«, gehört natürlich Übung dazu, dahinter seine Bedürfnisse nach Wertschätzung seines Lebensweges und vielleicht seiner gegenwärtigen Bemühungen für die Jungen zu erkennen. Was würde er auf die Frage sagen: »Bist du frustriert, weil du uns gerne dankbarer und glücklicher erleben würdest?«? Auf die Antwort, die hier gewiss ein »Ja, …« enthalten würde, könnten wir noch fragen: »Wäre dir auch wichtig, dass wir diese Bemühungen und diese

Unterstützung mehr sehen und auch wertschätzen würden?« Können Sie wahrnehmen, dass hinter obigem Vorwurf diese oder ähnliche Beweggründe stehen? Wenn ja: Wie erscheint Ihnen dann der Schwiegervater? Unmittelbar greifbarer, näher und fühlbar menschlicher, nicht wahr? Das ist das Geschenk, das wir erlernen können in uns!

Es ist so schade und die Beispiele könnten hier endlos weitergeführt werden. Wir alle haben nicht gelernt, unsere wahren Bedürfnisse zu kennen, geschweige denn, sie uns liebevoll zu erfüllen. Ebenso ist uns fremd, unsere Bedürfnisse so zum Ausdruck zu bringen, dass andere sie hören und verstehen können, ohne sich angegriffen oder bewertet zu fühlen. Stattdessen haben wir gelernt, unsere Bedürfnisse durch Verhaltensweisen zum Ausdruck zu bringen, die meist zu Konflikten führen: Nörgeln, Schweigen, Rückzug, Abwerten und Angriff, um nur einige, meist nicht funktionierende Strategien zu nennen.

Auf unseren Paarseminaren machen wir nach einer Einführung in diesen Kommunikations- und Erkenntnisweg immer eine Übung. Jeder darf dabei der Gruppe offenbaren, mit welcher Strategie er immer wieder versucht, sich gewisse Bedürfnisse zu erfüllen, obwohl er immer wieder die Erfahrung macht, dass diese Strategie nicht funktioniert. Das ist amüsant, erschreckend und klärend zugleich. Ein Beispiel einer jungen Mutter: »Ich versuche seit Jahren, mein Bedürfnis nach Unterstützung und Wertschätzung durch Vorwürfe und Nörgeln nahezu jedem gegenüber zum Ausdruck zu bringen – und erreiche dadurch nicht, was ich will, sondern oft das Gegenteil.« Es ist ein Schatz, seine wahren Bedürfnisse zu erkennen und auch die Strategien zu erkennen, die nicht funktionieren. Dann ist es nur eine Frage der Zeit, wann wir Wege finden, die erfüllend für uns *und* andere sind!

Wenn Ihre Schwiegermutter die Bedürfnisse nach Zugehörigkeit, Wertschätzung, Sinnhaftigkeit und Verbundenheit hat, spricht menschlich nichts dagegen – im Gegenteil, wir erkennen diese Wortklänge unmittelbar als tief menschlich und wesentlich. Wenn die Schwiegermutter sich diese Wünsche allerdings erfüllen möchte, indem sie häufig unangekündigt auf Ihrem Grundstück anwesend ist und im Garten »unerwünschte« Gefälligkeiten erledigt, kann ihr passieren, dass sie das Gegenteil von dem erntet, was sie wünscht: nämlich Beurteilung, Ausgrenzung und Ablehnung. Das geschieht dann, wenn Sie das Bedürfnis nach Wertschätzung Ihres Lebensstils haben, den Wunsch nach Autonomie und nach Ruhe. Hätten Sie diese Bedürfnisse nicht, könnten Sie gelassen lächelnd die Schwiegermutter beobachten in einer inneren heiteren Haltung wie: »Ich bin gespannt, was sie heute wieder verschönern möchte auf unserem Grundstück.« Ich wiederhole mich hierzu gerne: Alle Gefühle entstehen aufgrund unserer Bedürfnisse – nicht aufgrund anderer Menschen, auch nicht aufgrund deren Verhalten. Und negative Gefühle entstehen aufgrund unerfüllter Bedürfnisse und aufgrund unserer Urteile, die aus der Unfähigkeit hervorgehen, die wahren Bedürfnisse des anderen zu erkennen.

Alle Gefühle entstehen aufgrund unserer Bedürfnisse.

Sobald unsere Bedürfnisse durch das gewählte Verhalten eines anderen beeinträchtigt werden, neigen wir zu Urteilen und damit schon zu Gewalt. Vor allem wenn wir keine Alternative parat haben, uns unsere Bedürfnisse auf anderen Wegen zu erfüllen. Das nennt man dann Konflikt. Viele wehren sich unmittelbar gegen den Gedanken, dass ihre Sprache und Denkweise oder gar ihr Verhalten Gewalt enthalten könnte – denn unsere Moralinstanz und unser Selbstbild beinhalten verständlicherweise ungern diese Einsicht. Gewalt ist ja etwas »Schlechtes«, und wer will schon »schlecht« sein?

Sehen Sie es entspannter oder einfach bewusster: Gewalt bedeutet hier jedes stille, hörbare, sichtbare oder fühlbare Verhalten, das den anderen oder sich selbst in irgendeiner Form beurteilt und abwertet. Jeder weiß aus eigener Erfahrung, wie schmerzhaft jemand wirken kann, obwohl er kein Wort gesprochen und keinen Finger gerührt hat, wie schmerzhaft eine Geste oder ein Blick sein kann, der Urteil enthält. Nehmen Sie das Wort Gewalt also bitte nicht als Angriff, sondern werden Sie sich der vielfältigen Erscheinungsformen von allem bewusst, was urteilt, sich oder andere bewertet, bestraft und somit wehtun kann.

Sie haben die Wahl, ob Sie wütend und entrüstet über Ihren Schwiegervater oder Ihre Schwiegertochter urteilen wegen gewisser Lebensweisen – oder ob Sie entspannt und wertschätzend auf die Bedürfnisse schauen, die sich dieser Mensch dadurch erfüllen möchte. Und wenn Sie in sich selbst erkennen, welches Bedürfnis *Sie* eigentlich haben, können Sie gewiss entspannter sein. Zudem ist es nach wie vor eine interessante Frage, welchen Schmerz oder auch welche eigene Sehnsucht das Verhalten eines anderen Menschen in Ihnen berührt. Wie gesagt: Nur was uns betrifft, trifft uns.

Wir sind von klein auf in allen Systemen dazu gedrillt, dem »Gut so« von Autoritäten entsprechen zu müssen oder dem »So nicht« wegen dann folgender Strafe auszuweichen. Raum und damit Wertschätzung für unterschiedliche Bedürfnisse sind da nicht gegeben. Ob Familie, Kindergarten, Schule, Sportverein oder Arbeitgeber: Die Bedürfnisse der »Oberen« werden gezielt verfolgt und wenn nötig durch entsprechende Maßnahmen wie Strafen, Noten, Ausgrenzung und Ähnlichem durchgesetzt. Das enthält Gewalt. Und für jeden, der in diesen Systemen aufgewachsen ist, scheint das normal zu sein. So sind wir tendenziell auf eine Denk-, Interpretations- und damit Verhaltensweise programmiert, die unsere Beziehungen im Großen wie im Kleinen schwierig macht und alle Menschen und Systeme in der Tiefe viel Substanz, Freude, Liebe und Verbundenheit kostet.

Wenn der Mann, der regelmäßig im Kasino spielt, Ihr Partner oder Schwiegersohn wäre, würden Sie ihn vielleicht subtil dazu zwingen wollen, damit aufzuhören, oder drohen, ihn zu verlassen. Und ich bin mir sicher, dass viele Leser das auch für angemessen betrachten würden. Das ist normal, das heißt die Norm, die Gesellschaft, würde größtenteils so handeln.

Wir haben eben gelernt, uns auch mit Gewalt, nämlich Bewertungen, Urteilen, Drohungen und Vollzügen, durchzusetzen. Deswegen gibt es auch noch Krieg in dieser Welt, ein gewaltvolles Durchsetzen von Bedürfnissen gegenüber einem bewerteten Volk. Im Kasino-Beispiel ist ein druckvolles Handeln natürlich ebenso geleitet von Bedürfnissen. Wahrscheinlich durch Ihre Bedürfnisse nach Sicherheit und Klarheit, eventuell vom Bedürfnis nach Verbundenheit, das Sie aufbauen, wenn Sie Ihren Partner verstehen oder Ähnlichkeiten erkennen können. Wahrscheinlich auch geleitet vom Bedürfnis nach Wertschätzung, wenn dafür Abende mit Ihnen, Urlaube oder auch Teile Ihres Einkommens auf der Strecke bleiben würden.

Viele würden an dieser Stelle wohl nach der Lösung in diesem Kasino-Beispiel oder auch in den anderen Fällen fragen. Das ist hier aber nicht entscheidend und in Fällen wie diesem meist auch nicht so schnell möglich. Die Basis für eine gewaltfreie Lösung, das heißt eine Lösung ohne Abwertungen, Drohungen und Strafen, kann nur so geschaffen werden: wenn jeder in seinen Bedürfnissen wirklich gesehen und wertgeschätzt wird. Wenn alle Bedürfnisse der Beteiligten klar erkannt und geachtet werden und niemand eine Lösung erzwingen möchte, dann erscheint sie sehr häufig sogar in vermeintlich ausweglosen Lebenssituationen. Aber erst dann. Eben so, wie manch edle Pflanze nur auf dem liebevoll dafür bereiteten Boden gedeihen kann und zu einer Zeit erscheint, die wir nicht erzwingen können.

Wenn uns die Bedürfnisse klar sind, können wir Wege finden, auf denen die Bedürfnisse aller gleichermaßen gewürdigt und im Idealfall erfüllt werden. Und auch wenn dies nicht zu hundert Prozent gelingt, kann es Frieden über eine Beziehung und Familie bringen.

Als Hoffnungsschimmer: Marshall Rosenberg vermittelte genau auf diesem Wege innerhalb einer Woche auch zwischen einer Gruppe von Serben und Kroaten, deren Mitglieder gegenseitig Familienmitglieder umgebracht hatten. Am Ende lagen sie sich schmerzlich weinend in den Armen und feierten auch miteinander. Wenn so etwas gelingen kann, kann es doch gewiss auch in Ihrer Familie Frieden geben, oder?

Wie fühlen wir wirklich – und warum?

Wenn Sie sich über Ihre und die Bedürfnisse anderer klarer geworden sind, haben Sie einen Schatz für Ihr Leben gehoben! Ein Schatz, der Frieden und Entspannung ebenso wie Kraft und Klarheit in Ihr Leben und in Ihr Umfeld tragen kann. Seien Sie also herzlich eingeladen, hier wach und motiviert zu sein!

Ich möchte Ihnen hierfür zwei Auflistungen weiterreichen. Sie finden ähnliche in den meisten Büchern von Marshall Rosenberg. Sie mögen Ihnen ein kleiner Helfer sein, hinter Ihre Emotionen und hinter die Verhaltensweisen Ihrer Mitmenschen blicken zu können.

Gefühle, die auftreten, wenn unsere Bedürfnisse erfüllt sind:	*Gefühle, die auftreten, wenn unsere Bedürfnisse nicht erfüllt sind:*
angeregt	bekümmert
bewegt	belastet
dankbar	besorgt
energiegeladen	einsam
erfreut	entmutigt
erfüllt	enttäuscht
erleichtert	frustriert
erstaunt	genervt
fasziniert	gereizt
fröhlich	hilflos
gerührt	hoffnungslos
hoffnungsvoll	nervös
inspiriert	traurig
optimistisch	unbehaglich
stolz	ungeduldig
vertrauensvoll	verärgert
wohl	verlegen
zuversichtlich	verwirrt
	widerwillig
	wütend

Als Erstes können Sie noch einmal deutlich sehen: Wir produzieren und erleben unangenehme Gefühle, wenn unsere wahren Bedürfnisse nicht erfüllt sind. Positive, willkommene Gefühle haben wir, wenn unsere Bedürfnisse erfüllt sind.

Nun können Sie für sich Klarheit gewinnen. Das geht aber nur in optimaler Weise, wenn Sie etwas *tun*. Ich möchte Sie deshalb herzlich einladen, die folgende Übung schriftlich zu machen, weil Schreiben die Gedanken klärt und Zusammenhänge klarer auf den Punkt bringt. Wenn Sie also möchten, nehmen Sie einen Block und legen los:

1. Sie schreiben auf, was der Konfliktpartner konkret tut beziehungsweise was die konkrete Situation ist, die nicht zur Bereicherung Ihres Lebens beiträgt.
2. Sie finden in der Liste »Gefühle, die auftreten, wenn unsere Bedürfnisse nicht erfüllt sind« Ihre produzierten Gefühle heraus.
3. Sie finden in der Bedürfnisliste (siehe Seite 105 f.) Ihre wahren Bedürfnisse heraus, die gerade in dieser Situation beeinträchtigt sind.

Wenn Sie daraus eine Mitteilung machen, so als würden Sie sie jemandem vortragen, liest sich das dann vielleicht so:

»Meine Schwiegermutter ruft täglich, manchmal mehrmals bei uns an. Das nervt und ärgert mich, weil ich ein Bedürfnis nach Ruhe und Autonomie habe. Auch nach Klarheit, warum sie das macht. Ebenso nach Wertschätzung unserer Privat- und Familiensphäre.«

Oder: »Mein Sohn bittet mich sehr häufig, seine Kinder zu nehmen. Das nervt und belastet mich, weil ich ein Bedürfnis nach Leichtigkeit und Autonomie habe.«

Oder: »Jeden Sonntag sind wir zum Essen dort. Mich frustriert das, weil ich dort Verbundenheit und Leichtigkeit vermisse und auch mal was anderes tun möchte – also fehlt mir da auch die Spontaneität und Lebendigkeit.«

Nehmen Sie sich Zeit. Sich selbst zu ergründen ist keine Sache im Vorübergehen – Verstehen entspannt und stiftet Frieden. Übernehmen Sie Eigenverantwortung für Ihre Gefühle und lassen Sie die Verantwortung für die Gefühle der anderen bei diesen. Ich wiederhole gerne, warum das so wichtig ist: Sobald Sie glauben, dass jemand schuld an Gefühlen ist, verlassen Sie den guten Weg und laufen auf

Sich selbst zu ergründen geht nicht nebenbei.

Dornen weiter. Sie sind dann innerlich schnell entweder in einer Opfer- oder Täterhaltung und werden dementsprechend depressiv oder aggressiv.

Nochmals: Niemand ist schuld. Sobald eine Schuldvorstellung sich einmischt in unseren Geist, neigen wir bereits zum Bösen und Schlechten. Dann urteilen wir innerlich entweder über uns oder andere. Und diejenigen, die sich auf dieser Welt »im Recht« fühlen, können sich leider mit gutem Gewissen schlimm verhalten: von Familienmitgliedern über Gruppierungen bis zu Politikern und Völkern.

Also: Versuchen Sie zu erkennen, zu beschreiben und zu verstehen. Da ist eine Situation oder ein Gefühl aufgrund eines Bedürfnisses von Ihnen – das kommunizieren Sie vorerst nur auf dem Blatt oder innerlich zu sich, um sich selbst zu verstehen in einer Situation.

Die nächste interessante Frage mit Blick auf sich selbst lautet:

4. Warum ändere ich an der Situation noch nichts? Warum spreche ich das Thema nicht an? Um welche Bedürfnisse fürchte ich?

Warum sagen Sie Ihrer Schwiegermutter zum Beispiel nicht, welche Bedürfnisse durch die häufigen Anrufe bei Ihnen beeinträchtigt sind? Vielleicht lautet die Antwort: »Weil ich Angst habe, dass sie dann beleidigt ist oder mich angreift. Mir ist nämlich Wertschätzung, Frieden und Leichtigkeit wichtig.«

Warum sagen Sie Ihrem Sohn nicht, dass Sie mehr Zeit für sich wünschen oder sich überfordert fühlen, wenn Sie so oft die Enkel betreuen sollen? Letztlich haben Sie höchstwahrscheinlich auch Angst vor Urteilen, die Sie insgeheim manchmal über sich selbst fällen – dass Sie eine schlechte Großmutter oder Mutter seien oder was auch immer. Da könnte aber auch stehen: »Ich habe Angst, dass er dann wütend auf mich ist oder gekränkt. Mir ist Verbundenheit und Zugehörigkeit wichtig. Die Enkel hüten gibt mir Sinnhaftigkeit und macht mir meist auch Freude – nur das Maß stimmt noch nicht.«

Jeden Sonntag müssen Sie zum Essen? Die zugrunde liegenden Bedürfnisse könnten lauten: »Mir ist Wertschätzung, Zugehörigkeit und Frieden wichtig. Und wenn es Streit deswegen gäbe, wäre auch Leichtigkeit beeinträchtigt.«

Diese Übung muss nicht perfekt sein. Machen Sie sie einfach so gut, wie sie Ihnen möglich ist. So können Sie sich immer besser selbst verstehen. Wenn dieses Selbstverständnis über diese Übung über Wochen immer tiefer wird, entsteht fast wie von selbst im Lauf der Zeit auch ein klareres und authentischeres Verhalten und Kommunizieren.

Wenn Sie an diesem Punkt aber stehen bleiben, fehlt etwas Wesentliches, nämlich den anderen in seinem Sosein verstehen zu wollen. Es reicht nicht, uns selbst zu verstehen! Auch wenn das schon sehr wertvoll ist. Entspannter können wir erst werden, wenn wir hinter den Masken und auch manchmal merkwürdigen Verhaltensweisen unserer Mitmenschen deren wahre Bedürfnisse erkennen können. Denn wenn wir wirklich dort angekommen sind, erkennen wir diese wieder als Menschen wie wir, eben weil wir die dann gefundenen Bedürfnisse sehr gut von uns selbst kennen. Auch wenn wir andere Wege versuchen und wählen, uns diese zu erfüllen. Das ist wichtig zu verstehen. Demnach folgen jetzt die nächsten Fragen:

Es ist wichtig, uns *und* den anderen zu verstehen.

5. Welche Bedürfnisse möchte sich ... erfüllen, wenn er/sie sich in dieser Art und Weise verhält?
6. Auf welche Bedürfnisse möchte er/sie hinweisen, vielleicht mit Nachdruck, wenn er/sie sich so verhält?

Welche Bedürfnisse möchte sich obige Schwiegermutter vielleicht durch ihre vielen Anrufe erfüllen? Was erfüllt sich jeden Sonntag beim gleichen Ablauf der Mahlzeiten? Was erlebt der Sohn, wenn Sie die Enkel hüten? Was erhofft sich der Schwiegervater, wenn er stets schwarzmalt oder über seinen bedenklichen Gesundheitszustand spricht?

Mit der Klärung dieser Fragen entsteht mehr Verständnis und mit neuem Verstehen dieser Zusammenhänge und Betrachtungsweisen auch mehr Mitgefühl und Toleranz für unsere Mitmenschen. Aber auch für uns selbst. Wir brauchen weder andere für ihr Verhalten zu kritisieren, noch uns für unsere Gefühle in einer Situation zu verurteilen.

Im Idealfall finden Sie dann Wege, dass die Bedürfnisse beider Seiten gewahrt und erfüllt sind. Das braucht aber Zeit und vor allem viel Fingerspitzengefühl. Wichtig ist jedoch vor allem und zuerst, sich wirklich über die wahren Bedürfnisse *aller* Beteiligten klar zu werden. Und das findet erst einmal in Ihnen statt. Sobald wirklich alle Bedürfnisse erkannt und *gewürdigt* sind, finden sich die Wege und Lösungen im Laufe der Zeit von selbst.

Wenn wir erkennen, dass wir Bedürfnisse auf eine Weise erfüllen möchten, die die Bedürfnisse der anderen beeinträchtigt, ist das kein wirklich gelingender Weg, wenn ich mir Verbundenheit und Freude miteinander wünsche. Das heißt nun nicht, dass wir uns verbiegen oder diese Bedürfnisse eben fallen lassen müssen. Das geht schief, denn dann produzieren Sie Frust und Groll, den wieder ihr Umfeld aushalten müsste.

Wir müssen unsere Bedürfnisse erfüllen, wenn wir glückliche und damit angenehme Mitmenschen sein wollen. Aber wenn wir Klarheit über die Bedürfnisse der anderen haben, können wir Wege finden, die sicherstellen, dass auch die Bedürfnisse der anderen gewahrt bleiben. Alles andere führt nicht zu den Ergebnissen, die Sie selbst sich in der Tiefe wünschen. Nur so sind wertschätzende und friedvolle Wege findbar und dann auch machbar und gehbar. Wo ein Wille, wo ein Herz, da auch der Weg.

Zerrissenheit bedeutet Unklarheit in den Bedürfnissen

Sie können gewiss bald in Ihren eigenen Beobachtungen feststellen, dass wir uns auch immer dann Bedürfnisse erfüllen, wenn wir scheinbar etwas tun oder über uns ergehen lassen, was andererseits Bedürfnisse von uns beeinträchtigt. Diese Zerrissenheit, unter der viele Menschen immer wieder leiden, kommt aus der Unklarheit der einzelnen Bedürfnisse in sich selbst.

Ein Beispiel: Wenn Sie heute eigentlich keine Lust auf das große Familientreffen haben, weil Sie gerade ein Bedürfnis nach Leichtigkeit, Autonomie oder Lebendigkeit in sich spüren und sich das auf einem anderen Weg erfüllen möchten, kann ein drückendes Gefühl entstehen wegen der gewaltvollen inneren Sprache: »Ich muss ja dahin!« Als würde das Leben Sie zu etwas zwingen. Bedrückend ist die uneigenverantwortliche Sichtweise, dass wir Opfer sind und das Leben macht etwas mit uns. Ebenso kann bedrücken, dass Sie vielleicht in sich spüren, dass die Teilnahme am Familienfest auch Zugehörigkeit und Wertschätzung erfüllen würde.

Klarheit entspannt.

Was Sie in so einer Situation also auch tun, es erfüllt und beeinträchtigt gleichzeitig andere wesentliche Bedürfnisse von Ihnen. Wenn Sie das klar sehen, können Sie *wirklich* und bewusst wählen und entscheiden. Was ist Ihnen gerade wirklich wichtig? Wenn Sie mit Ihren Selbsturteilen aufhören, können Sie offen zu sich sagen: Mir ist Leichtigkeit und Lebendigkeit gerade oder heute wichtiger. Ist das schlecht?

Können Sie über sich urteilen, wenn Sie wirklich diese Bedürfnisse sehen und auch ernst nehmen als Ihre einfach menschlichen Wünsche? Oder Sie entscheiden sich bewusst für das Familienfest und behalten die Erfüllung der anderen Wünsche von Ihnen fest im Auge für die Abendstunden – auch das wäre eine bewusste Wahl, die der Zerrissenheit ein Ende macht. Klarheit entspannt.

Manche mögen hier vielleicht herauslesen, dass ich Sie zu einem Egotrip auffordere – einem rücksichtslosen Weg, in dem es nur um Sie geht. Das ist nicht meine Botschaft. Ich öffne nur Ihre Augen dafür, dass Sie sich selbst Gewalt antun, wenn Sie nur das tun, was die Bedürfnisse der anderen *vielleicht* erfüllt, jedenfalls aber nicht Ihre. Das ist Gewalt an sich selbst und führt zu all den schlimmen Beziehungsmustern, die wir weltweit sehen und die sogar krank machen. Ebenso ist es aber auch Gewalt, sich seine Bedürfnisse einfach zu erfüllen, ohne die Bedürfnisse der Mitmenschen zu sehen und ernst zu nehmen.

Das Faszinierende ist jedoch, dass wir tiefer verstanden werden, wenn wir mit zum Ausdruck bringen, welche Bedürfnisse gerade lebendig in uns sind. Dann erfahren wir auf einmal weit mehr Verständnis als Urteil – auch von außen. Und in dem Maße, wie Sie selbst zu sich stehen und auch die Bedürfnisse Ihrer Lieben sehen und bestrebt sind, diese zu wahren, in dem Maße wird Ihnen auch von außen Verständnis, Unterstützung und Wohlwollen begegnen. Innen und Außen stehen immer in Resonanz.

An dieser Stelle möchte ich nochmals an Sie appellieren, wirklich die Bedürfnisliste von Seite 105 f. zu nutzen. Die dort stehenden Bedürfnisse sind diejenigen, die auch jeder andere erkennen und verstehen kann. Alle anderen Wünsche, die Sie als »Bedürfnis« bezeichnen würden, sind eine *Strategie* – ein angepeilter Weg, der zu einem *wahren* Bedürfnis führt, welches gewiss in der Liste genannt ist. Experimentieren Sie damit und bringen Sie Klarheit in sich!

Geduld: Sprechen Sie erst nur mit sich selbst

Einige Leser werden vielleicht schon länger in sich sagen: »Dies oder das kann ich nicht ansprechen! Wenn ich sage, womit ich Probleme habe, befürchte ich nur, dass die Situation eskaliert und schlimmer wird.«

Ich möchte deutlich darauf hinweisen, dass ein direktes Gespräch natürlich auch Gefahren birgt. Vor allem wenn wir noch nicht so weit sind, auch überraschende und schwierige Situationen wertschätzend meistern zu können. Mir ist es hier ein Anliegen, klärende und friedensstiftende Einsichten über Sie und Ihre Mitmenschen zu ermöglichen. Ich weiß aber auch, dass ein voreilig und vielleicht »technisch« geführtes Gespräch auch in einem Fiasko enden kann. Sparen Sie sich diese Erfahrung. Der erste und größte Schatz wächst ganz in Ihnen selbst, ganz im Stillen! Und das erwirkt ganz von selbst neue und klarere Umgangsformen.

Wenn Sie erst einmal mit neuen Augen und frischem Herzen das verinnerlichen und *für sich selbst* anwenden, was die obigen Listen und die Erläuterungen hergeben, wird sicher der Boden für neue und gute Früchte in Ihrer Familie bereitet. Daher möchte ich Sie ausdrücklich zu Geduld und Innenschau einladen. Werden Sie erst einmal über Tage und Wochen vertrauter und klarer in sich mit den neuen Sichtweisen und Erkenntnissen über Bedürfnisse, über versuchte Wege, diese zu erfüllen, und über Gefühle in diesem Zusammenhang.

Und das ist das Wesentliche: das stille Mitgefühl. Das stille Verstehen von uns selbst und von dem, was in anderen vorgeht. Auch wenn Sie es nicht hundertprozentig herausfinden können oder auch mal danebenliegen: Ich verspreche Ihnen, dass allein Ihr stilles Bemühen, sich selbst und die anderen im Herzen zu verstehen, die ersten positiven Veränderungen in Ihrem Leben und in Ihren Beziehungen einläutet!

Hier noch ein Geschenk für diejenigen, die möglichst »flott« glücklicher werden möchten: Stellen Sie sich täglich die Frage: »Was waren heute die schönsten Momente?« Wenn dann kleine Erinnerungen, Gedanken, Bilder auftauchen, verweilen Sie in Zeitlupe in diesem schönen Moment und finden Sie genau heraus, welche Bedürfnisse sich in dem Moment erfüllt haben. Das macht Ihnen klar, was Ihr Herz erfüllt und auf welchen Wegen Sie Glück fühlen können!

Und neben dieser wertvollen Klärung gibt's noch ein Sondergeschenk des Lebens: Womit wir uns überwiegend und intensiv in Wort und Geist beschäftigen, das wird immer mehr im Leben. Das ist ein einfaches, aber mächtiges Gesetz. Das heißt, wenn Sie diese Frage in Ihr Leben integrieren, mehren sich die Glücksmomente, Ihre Klarheit und Zufriedenheit – garantiert. Laden Sie das Glück in Ihr Leben ein! Auf diese Art ziehen Sie es wie magisch an.

Womit wir uns intensiv beschäftigen, das wächst und wird immer mehr.

Ihrem Umfeld zuliebe: Seien Sie authentisch

Wenn Sie ein glücklicher Mensch und dadurch auch ein angenehmer Partner, eine wertgeschätzte Schwiegermutter oder ein entsprechender Schwiegervater sein wollen, ein liebevoller Elternteil für Ihre Kinder, dann führt kein Weg daran vorbei, für sich und Ihre Bedürfnisse klar und wertschätzend einzustehen.

Überlegen Sie noch einmal, welche Gefühle Sie produzieren, wenn Sie nicht gut für sich und Ihre Bedürfnisse sorgen. Hören Sie auf zu funktionieren. Beenden Sie den leidvollen Lebensweg, nur Pflichten und Normen zu entsprechen. Das ist grausam sich selbst und leider auf Umwegen auch den Mitmenschen gegenüber. Den Preis fürs Funktionieren und Anpassen zahlen Sie selbst im Leben und gerade auch die Menschen, die Sie am meisten lieben. Gerade die, die Ihnen am nächsten sind, dürfen oder müssen Ihre Stimmung und Ausstrahlung miterleben. Ihr ganzer Frust und Groll, den Sie unbewusst produzieren, wenn Sie in der Anpassung leben, trifft vor allem die Menschen, die Sie am meisten lieben. Und ich bin zutiefst überzeugt davon, dass Ihr wahres Wesen das nicht wirklich will.

Wenn Sie wach und aufmerksam sind, ist Ihnen inzwischen vollkommen einleuchtend, dass auch Launen oder Vorwürfe nur ein Hilferuf sind, auf bestimmte unerfüllte Bedürfnisse aufmerksam zu machen. Warten Sie nicht darauf, gehört und verstanden zu werden. Es gibt vermutlich nicht so viele, die Ihre verzweifelte Botschaft entschlüsseln können. Werden Sie klarer, offener, authentischer und greifbarer. Sorgen Sie für sich. Denn auch all Ihre Freude, Ihre Leichtigkeit und Dankbarkeit, die dann entstehen können, kommt jenen zugute, die Ihnen wirklich am Herzen liegen.

Sie können die Liste der Bedürfnisse auch einmal mit Bleistift durchskalieren. Dabei bewerten Sie spontan, wie tief im Durchschnitt jedes einzelne Bedürfnis in Ihrem Leben derzeit erfüllt ist. Auf der Skala von 1 bis 10 wäre die 10 die Traumnote und höchste Erfüllung eines Bedürfnisses. Die 1 wäre die Einsicht, dass Sie diesem Bedürfnis bisher keinen Raum in Ihrem Leben eingeräumt haben. Eine 6 oder 7 hat eine mittlere Tendenz nach oben, ab 8 können Sie sich in diesem Bereich schon glücklich und dankbar schätzen. Natürlich sind alle Bedürfnisse in gewissen Momenten höher oder gar nicht erfüllt, sonst hätten wir ja keine unterschiedlichen Stimmungen. Hier geht es um eine durchschnittliche, gefühlsmäßige Grundschwingung in einem Bereich. So können Sie schnell einen Überblick erhalten, wo Sie nach neuen Wegen für die Erfüllung der niedrig bewerteten Bedürfnisse suchen dürfen – ja fast müssen, wenn Sie ein glückliches Leben und entspannte Beziehungen leben möchten.

Bedenken Sie dabei jedoch immer eine weitere Schlüsseleinsicht: Für die Erfassung, Benennung und Erfüllung Ihrer Bedürfnisse sind einzig und allein Sie selbst verantwortlich. Wenn Sie nur über *einen* Menschen oder auf *einem* bestimmten Weg Ihre Bedürfnisse erfüllen möchten, geraten Sie in ausweglose Abhängigkeiten und zwangsweise zu Schmerz, Vorwurf und Groll. Unterstützung kann ebenso wie Freude, Verbundenheit und all die anderen wahren Bedürfnisse auf unzähligen Wegen erfüllt werden. Wenn Sie einen Menschen irgendwo da draußen dazu verdammen, dafür verantwortlich zu sein, müssen Sie und auch dieser Mensch sehr leiden – auch wenn Sie ihn lieben. Tragend und stabil macht Beziehungen natürlich, wenn ein oder mehrere Bedürfnisse besonders tief über diese Beziehung Erfüllung finden. Für Ihr Glück und Ihre Zufriedenheit jedoch ist einzig entscheidend, *dass* Sie Wege finden, die Ihre Bedürfnisse erfüllen.

Für die Erfüllung Ihrer Bedürfnisse sind allein Sie verantwortlich.

Auch wenn anfangs Reibungen vielleicht nicht ganz vermieden werden können, sondern manchmal sogar wahrscheinlich sind: Wenn Sie stets bemüht sind, Ihre Bedürfnisse darzulegen und dann auch noch die Bedürfnisse der anderen erfassen und zum Ausdruck bringen können, werden Sie immer gute Wege und Verbindungen mit Ihren Lieben finden.

Wann das Gespräch aktiv suchen?

Nachdem ich Sie weiter oben ausdrücklich zu Geduld und eingehender Innenschau über einen gewissen Zeitraum eingeladen habe, kann ich Ihnen auf diese Frage nach dem konkreten Gespräch keine pauschale Antwort geben.

Vielleicht ist ein aktives Gespräch, das man bewusst als Klärungsgespräch beginnt, nie nötig. Vielleicht genügt es für Sie, Klarheit und Verständnis für sich selbst und die anderen Beteiligten zu finden. Wenn das gelingt, werden Sie ganz von selbst friedvoller und liebevoller auf die anderen schauen können, anders wirken und dementsprechend ein neues Entgegenkommen zu Ihnen erleben. Auch wenn Sie nicht gezielt ein Klärungsgespräch suchen, entsteht im Lauf der Zeit aus dieser neuen inneren Klarheit eine neue und klarere Art zu kommunizieren – ganz von selbst, ganz ohne weitere Vertiefung.

Wenn Sie aber das Gefühl haben, es wird eines Tages ein Gespräch stattfinden »müssen«, kann ich Ihnen nur wenige, aber hoffentlich wertvolle Tipps hierzu geben. Suchen Sie einen Moment und Ort, an dem Ruhe und Sammlung möglich sind. Das kann ein Nebenzimmer oder ein schöner Platz in der Natur sein. Sagen Sie der anderen Person vorher, dass Sie gerne mit ihr sprechen möchten, und fragen Sie, ob sie sich dafür Zeit nehmen möchte. Sprechen Sie wirklich Persönliches nicht an, wenn Außenstehende mit dabei sind. Schützen Sie den Schatz eines persönlichen Themas.

Sprechen Sie Persönliches nicht im Beisein Außenstehender an.

Zu Beginn des Gesprächs werden Sie vermutlich etwas oder auch kräftig nervös sein. Erlauben Sie das und bringen Sie es zum Ausdruck: »Ich bin jetzt sehr aufgeregt, weil mir ein entspannter Verlauf unseres Gesprächs sehr wichtig ist und weil mir die Verbindung zu dir/euch wichtig ist.« Parken Sie also Ihren Stolz, sprechen Sie offen aus, dass Ihnen Verbundenheit und Frieden ein Wunsch sind.

Und dann vertrauen Sie dem Moment. Sie werden, wenn Sie sich wirklich mit Ihren und den Bedürfnissen der anderen vorher in sich klar geworden sind, die richtigen Worte finden. Bemühen Sie sich möglichst wertfrei, die Situation zu benennen, die Sie in Schwierigkeiten bringt. Nennen Sie Ihre Bedürfnisse und fragen Sie gegebenenfalls die andere Partei, welche möglichen Wege oder Lösungen sie sieht. Das ist oft besser, als selbst Vorschläge zu bringen, weil diese oft als Anweisung verstanden werden und Widerstände hervorbringen können.

Sollte irgendwo ein harscher Gegenton oder ein vermeintlicher Angriff kommen: Atmen Sie ruhig und machen Sie sich bewusst, dass das nur ein Ausdruck von einem Bedürfnis im Hintergrund dieses Menschen ist – Wertschätzung, Selbstschutz oder was auch immer. Wenn Sie diese Haltung, dieses Wissen im Herzen halten, werden Sie auch so eine schwierige Situation meistern. Wenn Sie Ihr Wissen über das Meistern von auch schwierigen Situationen in Gesprächen noch vertiefen möchten, tauchen Sie noch tiefer ein in die Welt der Gewaltfreien Kommunikation GFK nach Marshall Rosenberg. In diesem Buch hätte eine weitere Vertiefung den Rahmen gesprengt. Das mir zum Thema dieses Buches Wesentliche hierzu ist gesagt.

Zur Frage des richtigen Zeitpunkts möchte ich noch eines sagen, wovon ich tief überzeugt bin: Wenn Sie wirklich mit dem Bestreben nach Frieden und Wertschätzung diese Innenschau in sich betreiben, wenn Sie wirklich Mitgefühl für die anderen Beteiligten in sich finden wollen, dann wird der gute und richtige Moment einfach aus dem Leben heraus entstehen und es wird sich wandeln und klären, was wesentlich ist.

Wenn Früheres in uns und unseren Beziehungen wirkt

Von denen, die Platz gemacht haben – die Auswirkung Früherer

Sarah und Peter führten uns über das Rollengespräch mit dem Schwiegervater zu den Kapiteln über Kommunikation und den nahezu unerschöpflichen neuen Möglichkeiten, die sich über eine wertschätzende Sprech- und Denkweise ergeben. In ihrer Geschichte ist jedoch auch eine Stelle enthalten, die noch weiterer besonderer Erwähnung bedarf: die Früheren.

Bei Sarah und Peter gab es eine Schlüsselfigur, um die Schwiegereltern in ihrer Zurückhaltung Peter gegenüber zu verstehen: Sarahs früherer Partner und die gescheiterte Beziehung zu ihm. Die Eltern schützten sich, indem sie sich nicht auf die volle Freude und Verbundenheit Peter gegenüber einließen, da das Scheitern der früheren Beziehung für sie eben auch so schmerzlich war. Auf seelischer Ebene haben frühere Partner jedoch oft eine viel weiter reichende Wirkung.

Frühere Partner haben oft eine weitreichende Wirkung.

Zur Erläuterung möchte ich hier für unser Herz das Bild eines schönen Romantikhotels wählen. Wenn wir eine ernsthafte Bindung mit einem Menschen eingehen, stellen wir ihm Herzensräume zur Verfügung – wir nehmen ihn quasi als Dauergast in unser Herz. Die erste Liebe erhält die Suite, die gibt es nur einmal. Alle Weiteren können tolle Räume erhalten, jedoch auch nur, wenn die erste Liebe davor wirklich gewürdigt, verschmerzt und im Dank gelassen werden konnte – das braucht manchmal auch rückwirkend nach vielen Jahren noch Trauerarbeit.

Wenn nun eine Beziehung im Unguten endet, mit Vorwürfen an uns selbst oder den anderen, mit Groll, unverarbeitetem Schmerz bis hin zur Verachtung, dann ist es so, als würden für diese Räume in unserem Herzen die Schlüssel verloren gehen: Wir können sie nicht mehr vergeben. Auch wenn der liebenswürdigste »Gast« erscheint, wir können diese Räume unseres Herzens nicht mehr zugänglich machen. Oft ist uns dies nicht bewusst. Das kann so weit gehen, dass wir nur noch Partner anziehen, die eigentlich nicht zu haben sind – wo wir also nur Geliebte oder Geliebter sein könnten. Oder Partner, die nur selten Zeit haben, viel unterwegs sind, wo die Beziehung auf einmal Hals über Kopf endet oder was auch immer. Oder wir ziehen gar keine Gäste mehr an – diese erkennen auf einer unbewussten Ebene sofort, dass unser Herz, unser »Hotel«, nicht wirklich geöffnet und frei ist oder eben nur noch die Besenkammer zu haben wäre.

Auch unsere Eltern vergeben – wie bei Sarah gesehen – innere Räume an Schwiegersöhne und -töchter. Und erst, wenn die Familie wirklich den Bruch einer Beziehung betrauert hat, die schönen Zeiten würdigt und jedem ohne Vorwurf und Urteil das lässt, was er selbst zum Scheitern beigetragen hat, kann sich die Familie wieder offen und einladend einem neuen Partner und möglichen Schwiegersohn oder einer möglichen Schwiegertochter zuwenden. Bis dahin jedoch wäre eine innere Ausgrenzung fühlbar und dynamisch wirksam, wie wir bei Peter gesehen haben.

Dazu möchte ich ein Beispiel aus einem Familienaufstellungsseminar einbringen.

Stefan will das Scheitern seiner Ehe verstehen, um wieder nach vorn schauen zu können. Er fühlt eine immer noch spürbare Schwere über das Scheitern der Beziehung, die nun seit zwei Jahren beendet ist. Wir stellen über stellvertretende Personen ihn, seine frühere Frau und die beiden gemeinsamen Kinder auf. Nachdem sich auch nach einer Weile nichts Dynamisches zeigt, stellen wir zwei weitere Personen auf: Die eine nennen wir »Das Verbindende« und die andere »Das Trennende«. Oft zeigt sich über das Aufstellen so benannter Faktoren eine Dynamik, die Unbewusstes klar werden lässt. Nicht so hier, es will etwas anderes gesehen sein.

Wir lassen die beiden Personen sich wieder setzen und fragen uns, was jetzt gestellt werden muss, damit das klar wird, was Stefan wissen möchte. Und Stefan hat ebenso wie ich den Impuls, seine Mutter aufzustellen. Also tun wir das. Was sich dann zeigt, ist ebenso erschreckend wie augenöffnend für Stefan: Die Stellvertreterin der Mutter drängt sich immer mehr zwischen das Paar, bei Gegenwehr der Frau auch fast handgreiflich. Sie nimmt die Kinder, stellt sie neben ihren Sohn, stellt sich selbst dazu und wendet diese Gruppe von der Frau Stefans ab.

In Aufstellungen zeigen sich oft eine unbewusste Haltung und unbewusste Einflüsse innerhalb eines Systems. Für Stefan spiegelt es nun das Drama wider, worunter er und vor allem seine Frau gelitten haben: Die beiden Frauen konnten überhaupt nicht miteinander. Da sie nahe beisammen wohnten, war diese Beziehung für das Paar sehr belastend – wenn auch nicht allein der Grund für das Scheitern der Ehe. Hier zeigt es jedoch deutlich, dass auch unsere Schwiegereltern beziehungsweise die Eltern unseres Partners einen schmerzhaften Einfluss auf ein System haben können. Bleibt die Frage, warum die Mutter von Stefan sich so ausgrenzend verhielt.

Ich frage Stefan, ob es eine frühere Partnerin bei ihm gab, die seine Mutter sehr gemocht hatte und die sie heute noch gerne an seiner Seite sehen würde. Ja, es gab da die Andrea ... und als er von ihr spricht, leuchten seine Augen lächelnd. Er verließ sie damals, weil er für ihre ernsthaften Absichten noch zu jung gewesen sei. Seine Mutter habe viel Mitleid mit ihr gehabt. Als wir diese Andrea aufstellen, formiert sich das System neu und noch klarer: Andrea, Stefan und die Kinder werden von der Mutter zusammengestellt – zufrieden schaut die Stellvertreterin von Stefans Mutter auf ihr Werk und sagt: »So gehört's!«

Um es abzukürzen: Für Stefan geht es im weiteren Verlauf der Aufstellung noch darum, von dieser früheren Partnerin Abschied zu nehmen. Ebenso darum, den Schmerz der Mutter zu achten, den sie in sich trägt – denn diese starke Solidarisierung mit einer verlassenen Frau zeigt meist, dass eine eigene alte Liebe und Trennung nicht überwunden wurden. Und es geht, »natürlich« würden Therapeuten sagen, auch darum, sich von der Mutter zu lösen und nur »Sohn« zu sein. Keine Lücke für sie schließen zu wollen, damit überhaupt eine andere Frau Platz im Leben von Stefan hat. Ebenso geht es darum, der Mutter klar zuzumuten, dass er selbst seine Frauen wähle und diese dann seine Nummer eins seien.

Vor der Stellvertreterin seiner früheren Frau in der Familienaufstellung fühlt Stefan nach diesen Schritten dann in sich, dass er die Beziehung »irgendwie auch aus Liebe beendet hat, dass dieses Leiden ein Ende hat.« Auf diese Worte hin ist die Stellvertreterin seiner früheren Frau tief bewegt und Stefan umarmt ebenso bewegt lange seine frühere Frau und sagt dabei aus sich selbst heraus: »Es tut mir leid, ich habe dich geliebt.« Dabei klärt und erleichtert sich etwas in seinem Brustraum. Nach einer Weile sind beide gelöst und entspannt. Nun ist es wirklich auch auf seelischer Ebene gelöst.

Wichtig ist mir an dieser Stelle noch zu betonen, dass die Mutter von Stefan weder böse noch schuld an der Trennung ist. Sie war eine von vielen Figuren in einer Dynamik, die keinem der Beteiligten bewusst und dadurch sehr machtvoll war. Auch die Kapitel über die Entstehung von übermäßigen Bindungen zwischen Eltern

Der freie Wille ist in manchen Dynamiken sehr relativ.

und Kindern machen klar, dass auch bei dieser Schwiegermutter in der Tiefe Liebe und Bindung wirken – der freie Wille ist in solchen Dynamiken sehr relativ.

Das unerträgliche Glück auf Kosten anderer

Auf der anderen Seite haben frühere Partner aber auch innerlich Einfluss auf gegenwärtige Partner und unsere Beziehung mit ihm – was viele vielleicht überraschen wird. Der Grund hierfür ist sehr tief in uns angelegt und zeigt sich weltweit in allen Kulturen in Familienaufstellungen: Die menschliche Seele ist so gestrickt, dass sie Glück auf Kosten anderer nicht wirklich erträgt.

Wenn uns etwas im Leben zukommt, wofür bei genauerer Betrachtung andere einen Preis zahlen mussten, hält unsere innerste Instanz das nicht aus. Diese innere Instanz möchte dann ausgleichen und tut dies oft über Verzicht oder gar Scheitern. Wie dieser Glücksverzicht oder das Scheitern gestaltet wird, dafür gibt es unzählige Formen: in der Beziehung, im Gesundheitsbereich, mit den Schwiegereltern. Alle diese Formen dienen unbewusst einem inneren, schmerzlichen Zweck: Ausgleich mit Blick auf den oder die, die den Preis bezahlen mussten. Scheitern und Schweres sind oft unbewusste Glücksvermeidung und Ausgleich.

Scheitern und Schweres sind oft unbewusste Glücksvermeidung und Ausgleich.

Ein weiteres Beispiel mag dies verdeutlichen. Martha, deren erster Mann vor sechs Jahren an Krebs verstarb, ist in einer neuen Beziehung – diese ist jedoch immer wieder sehr schwierig zu halten und die Frage nach Trennung steht oft im Raum. Ihre Eltern waren dem neuen Partner gegenüber stets etwas zurückhaltend. Auf einem Seminar war neben einer tiefen Abschiedsbegegnung mit ihrem früheren Mann eine Übung, ihren Eltern liebevoll zu sagen: »Liebe Eltern, ich bewahre meinen Mann gut im Herzen. Danke, dass auch ihr ihn so geliebt habt. Und in unseren Kindern, euren Enkeln, lebt unsere Liebe weiter. Er bleibt gewürdigt. Bitte schaut auch freundlich auf meinen neuen Mann und lasst ihn dazugehören.«

Nach dem Seminar befolgte sie den Tipp und ging mit ihrem gegenwärtigen Partner zum Grab ihres verstorbenen Mannes. Dort trat sie einen Schritt vor und sprach sinngemäß zu ihrem verstorbenen Mann, sodass es ihr Partner, der auf dem Seminar nicht mit dabei war, hören konnte: »Mein lieber Mann, es ist nun sechs Jahre her, dass du gestorben bist. Schau, ich habe mich wieder in eine Beziehung gewagt. Das ist er, er heißt Hans. Und er ist gut zu mir. Manchmal jedoch haben wir es schwer. Vielleicht traut er sich nicht, mich wirklich zu nehmen, weil du so schicksalhaft Platz gemacht hast und dein Leiden nun zu seinem Glück geworden ist. Bitte schau freundlich auf ihn und mich, dass er mich nehmen kann. Ich genieße mein Leben noch, so lange es dauern darf, und dann sterbe ich auch.« Ihr Partner trat zu ihr und legte mitfühlend einen Arm um sie und war selbst tief angerührt von dem Moment, wie sie später erzählte.

Seit diesem Tag ist die Beziehung fester und entspannter. Martha erlebt ihren Partner präsenter und zugewandter. Zudem hat sie den deutlichen Eindruck, dass ihre Eltern auch zunehmend entspannter und offener mit ihrem neuen Partner umgehen.

Als Erklärung der Wirkungsweise stimmen hier wie so oft mehrere Perspektiven: Einerseits nahm die Frau hier noch mal rituell und tief Abschied von ihrem Mann, würdigte seinen Platz in ihrem Leben und Herzen und konnte selbst so wieder am weiteren Leben teilnehmen und sich wieder einem anderen Mann öffnen. Es wurden quasi wieder ein paar schöne Zimmer in ihrem Herzenshotel frei und verfügbar. Dadurch erlebt sie nun durch ihre psychologischen Filter ihren Partner anders – als hätte *er* sich geändert. Eben darum erlebt sie auch ihre Eltern nun offener ihm gegenüber. Das stimmt.

Andererseits kommt die Wirkung auch vonseiten des jetzigen Partners. Durch das Erleben der Würdigung des ersten Mannes und durch das Aussprechen verborgen wirkender Kräfte – nämlich, dass er sich seine Frau bisher nicht nehmen traute angesichts des schweren Schicksals, das sie erst zu ihm führte – löste sich bei ihm diese Last und Bürde. Wir können Glück, für das ein anderer einen Preis bezahlte, nur (und auch nicht immer) nehmen, wenn wir den- oder diejenigen tief würdigen und achten, die den Preis bezahlten. Die Frau erzählte auch, dass ihr Partner, bevor er sie in den Arm nahm, ganz tief ein- und erleichtert ausgeatmet hätte. Nun konnte er seine Frau nehmen – angesichts und respektvoll dem ersten Mann gegenüber. Damit war er wirklich *in* der Beziehung und diese damit stabil. Das stimmt auch.

Es gibt noch viele weitere Sichtweisen, die beispielsweise auch die Welt nach dem Tod mitbedenken und die Wirksamkeit von Worten und Gebeten. Wer könnte das Gegenteil beweisen? Niemand. Wir können aber auf Wirkungen und Phänomene in dieser Welt schauen, davon Thesen ableiten und auch inneren Eindrücken und Botschaften folgen – oder uns zumindest eingestehen, dass wir über gewisse Grenzen mit unserem Verstand nicht hinauskommen.

Was hilft, das Glück auszuhalten – Früheres und Schweres achten

Wie beschrieben und wie wir in obigem Beispiel sehen konnten, können wir Menschen aufgrund unserer seelischen Struktur erst wirklich nehmen, wenn wir all diejenigen tief achten, die dafür den Weg bereitet haben oder einen Preis dafür bezahlt haben. Eine Verneigung an der richtigen Stelle klärt und erleichtert manchmal mehr als lang währende Therapie.

Mir ist durchaus klar, dass mancher Leser Widerstände gegen Kapitel wie diese haben kann. Sichtweisen, die unsere eigene Weltsicht nicht decken oder sich schwer in diese integrieren lassen, beeinträchtigen das Bedürfnis nach Sicherheit, Klarheit und vielleicht auch nach Wertschätzung der eigenen Weltsicht, die vielleicht eine andere ist. Ebenso beeinträchtigt es unsere »natürliche Autonomie«, wenn wir akzeptieren und eingestehen, dass es Kräfte und Wirkungen gibt, die sich unserem freien, bewussten Willen entziehen – das kann auch Angst machen. Ich bin aufgrund persönlicher und meiner therapeutischen Erfahrung aber so von der Richtigkeit und Wichtigkeit dieses Themas überzeugt, dass ich es hier beschreiben will. Seien Sie einfach eingeladen, dieses Buch wie eine Diamantmine zu betrachten, in der Sie Diamanten finden können – pflücken Sie sich heraus, was für Sie wertvoll ist, und lassen Sie beiseite, was Ihnen wie Kohle erscheint. Aber prüfen Sie! Wie schade wäre es, ein scheinbares Kohlestück zu verwerfen, das einen strahlenden Diamanten beinhaltet hätte!

Eine Verneigung an der richtigen Stelle klärt und erleichtert manchmal mehr als lang währende Therapien.

Hier folgen ein paar Beispiele, in denen die beschriebene Dynamik wirkte:

Bei einer Frau verschwanden Rückenschmerzen und die stetigen Streitigkeiten mit den Schwiegereltern, nachdem sie der ersten Frau ihres Mannes, die sich das Leben nahm, in einer Familienaufstellung über eine stellvertretende Person in einem Rollenspiel begegnet war und diese mit den Worten gewürdigt hatte: »Liebe Frau, du hast Platz gemacht mit deinem Tod. So könnte ich nun den Mann haben, den auch du geliebt hast. Bitte sei mir freundlich, dass ich das aushalten kann und er und seine

Familie mich ins Herz nehmen können.« Oft sind wie auch hier solche Momente in Beratungen oder Seminaren von tiefen Tränen der sprechenden Person begleitet. Das vorher Unbewusste wird fühlbar und kann sich dadurch lösen.

Ein Mann konnte die lange von ihm erwartete Schwelle zum Heiratsantrag und zur Hochzeit erst übertreten, als er im Herzen den ersten Mann seiner Partnerin angeschaut und gewürdigt hatte. Dieser war durch einen Arbeitsunfall geschädigt und so verbittert worden, dass letztlich daran auch die Beziehung zu seiner Frau scheiterte. Auch wenn die ganze Familie ihm freundlich war: Er konnte die Frau im Herzen erst nehmen, als er den würdigte, der den Preis auf dem Weg zueinander bezahlt hat und für ihn Platz gemacht hatte.

Glück können wir erst nehmen, wenn wir die gewürdigt haben, die einen Preis dafür bezahlt haben.

Die Beziehung einer Frau zu ihrer Schwiegermutter kam erst in ruhige und »menschliche« Gewässer, als sie die frühere Freundin ihres Mannes in einer Familienaufstellung in ihrem Schmerz würdigte und sich vor ihr verneigte.

Gemeinsam ist diesen drei von unzähligen weiteren Beispielen, dass alle drei einen Vorteil oder Glück auf Kosten eines anderen haben oder haben können. Das hält unsere Seele nicht aus. Entweder reduzieren wir dann unbewusst das Glück, das wir haben könnten, auf vielfältigste Weise oder wir entledigen uns der Last, indem wir wieder loswerden, was uns durch das Leid eines anderen zugekommen ist. Das ist eine oft tragische Dynamik, die in vielen Beziehungen und Familien übersehen wird.

Oben hat im ersten Beispiel eine Frau einen Mann an der Seite, weil sich die erste Frau das Leben nahm. Der Mann im zweiten Beispiel hat den Platz neben seiner Frau und deren netter Familie zum Preis des ersten Mannes mit seinem Arbeitsunfall und dessen Folgen. Die Beziehung im dritten Beispiel ist auf dem Leid der früheren, verlassenen

Freundin gebaut. Und alle drei konnten dieses Glück erst nehmen und mit gutem, unbewussten Gewissen aushalten, nachdem diejenigen gewürdigt und betrauert waren, die den Preis bezahlt hatten – die den Weg mit ihrem Schweren geebnet hatten.

Ein letztes Beispiel hierzu: Karl (36) ist seit fünf Jahren mit Petra zusammen – seitdem sie heiraten möchten und Petra Kinderwünsche äußert, fühlt Karl sich tief unsicher und blockiert. Da er sich das nicht erklären kann und Petra liebt und auch deren Familie sehr schätzt, macht er eine Familienaufstellung zu diesem Thema.

Die entscheidende Stelle ist die erste Frau seines Großvaters, die bei der Geburt eines Kindes mit dem Kind starb. So hat diese Frau auf tragische Weise Platz gemacht für eine neue Lebensreihe: Die zweite Frau des Großvaters bekam Kinder, unter anderem den Vater von Karl. So gibt es nun Karl – und nun sollen die nächsten Kinder kommen. Alle diese leben in der inneren Last, die mit Blick auf die erste Frau sagt: »Ich lebe, weil du gestorben bist.« Das ist der höchste Gewinn zum höchsten Preis, den jemand bezahlen kann. Diese tiefe Dynamik erstreckt sich also in schweren Fällen über mehrere Generationen. Je höher der Preis, desto größer die Last. Karl, selbst erstaunt über seine tiefen Emotionen gegenüber dieser ersten Frau seines Großvaters, lassen wir zur Repräsentantin dieser Frau auf dem Seminar sagen: »Schau, aus deinem Tod ist so viel Schönes und Gutes entstanden. Und so ist das Leben inzwischen bis zu mir gekommen. Und ich habe auch eine Frau, die mich liebt und Kinder mit mir haben möchte. Bitte sei mir freundlich, dass ich das Glück des Lebens nehmen und bleiben kann.«

Je höher der Preis, desto größer die Last.

Innerhalb weniger Tage danach legen sich die Unsicherheiten von Karl, er heiratet Petra und sie haben inzwischen zwei Kinder. Er konnte vorher das Glück mit dieser Frau und ihren liebevollen Eltern nicht nehmen. Unbewusst hatte er auch Angst, dass es ihm ergehen könnte wie seinem Großvater, der seine Frau durch ein Kind verlor. So war diese Dynamik gelöst. Angemerkt sei noch nachdenklich stimmend, dass der Vater von Karl seit Langem durch einen Unfall stark beeinträchtigt ist und auch seine Geschwister auffällig oft von Krankheiten oder Unfällen betroffen waren. Hatten sie alle einen unbewussten »Ausgleich« bezahlt, ohne dies zu ahnen? Meiner Ansicht und Erfahrung nach, ja.

Auch wenn es bei vielen Menschen so scheint, als bauten sie sogar vorsätzlich ihr Glück auf dem Rücken anderer – wie tief und wie lange währt dieses Glück wirklich? Die hier beschriebene Ordnung wirkt ausnahmslos, auch wenn wir sie noch nicht sehen können.

Gelingen die lösenden Schritte in der Seele nicht, meist aus Unwissenheit über solche Zusammenhänge, werden lieber Beziehungen, Familienglück, Höfe, das Erbe oder Firmen geopfert und unbewusst sabotiert, oft auch über scheinbares »Pech«, als dass wir unbewusst weiterhin Glück auf Kosten anderer haben. Dann fühlen wir uns erst einmal, so merkwürdig das manchmal erscheint, erleichtert – weil der Ausgleich auf einer unbewussten Ebene vollzogen wurde und das Belastende weggegeben wurde.

Dieser unbewusste Ausgleich ist auf der menschlichen Ebene natürlich mit viel Schmerz verbunden: Wir lieben den Partner, wertschätzen die Firma oder was wir auch erhalten haben – und doch können wir es nicht wirklich nehmen und sabotieren es unbewusst, wenn die Hintergründe nicht erkannt und gelöst werden können. Das schmerzt tief und zeigt, dass die Liebe und der Wille manchmal nicht reichen, um eine Beziehung oder Firma zu halten, wenn die Seele aus einem tieferen Hintergrund dem nicht zustimmt. Manchmal geht dieses Bedürfnis nach Ausgleich so weit, dass nicht nur Lebensglück, sondern auch die Gesundheit geopfert wird – wie im Beispiel

Manchmal ist eine Lösung Gnade.

von Karl und seiner Vorgeneration. Manchmal ist eine Lösung Gnade. Zu beachten ist hier, ich möchte das nochmals betonen, dass diese Vorgänge und diese Dynamik *vollkommen unbewusst* ablaufen.

Paare und Familien streiten und trennen sich aufgrund aller möglicher Kulissen und Ereignisse. Oft sind diese Kulissen aber vordergründig und im tiefen Hintergrund wirkt eine seelische Altlast wie oben beschrieben. Oft meinen wir nur zu wissen, woran etwas gescheitert ist, und oft genug können Paare, wen wundert's, nicht wirklich benennen, woran sie gescheitert sind oder was ihr wirkliches Problem in der Beziehung ist. Eben weil viele wirkliche Gründe im Unbewussten wirken und dort trennen oder verbinden können. Erst im demütigen und offenherzigen Anerkennen solcher Wirkkräfte kommt wieder das Stärkende, Bejahende aus dem Urgrund unserer Seele und dann oft auch wieder Unterstützendes und Friedensstiftendes aus dem Umfeld und über unsere Mitmenschen.

Sollten Sie hier beschriebene Hintergründe in Ihrem Umfeld erkennen, nutzen Sie es im positiven Sinne. Ungut wäre es, wenn Sie mit solchen Einsichten nur angstvoll auf die Betroffenen schauen würden und Unheil erwarten – das hat leider Gebetskraft und zieht manchmal eben das Gefürchtete an. Wenn Sie schon etwas bewusst erkennen können – dann tun Sie etwas Heilvolles damit! Wenden Sie sich in einem tiefen Gebet oder andächtigen Ritual an die entsprechende Stelle mit Ihren Einsichten und Bitten. Das wäre das natürlichste Handeln, das schon oft zu erstaunlichen Wendungen geführt hat.

Ich möchte Sie herzlich einladen, das hier Beschriebene mit in den Blick zu nehmen, wenn Sie auf Ihre Beziehungen und Familien schauen – und vielleicht erkennt so mancher den unmittelbaren, heilenden Ausweg dadurch. Ich freue mich mit Ihnen.

Hanna und Karl – »Der Ersatzsohn«

Bei diesem Paar war der Auslöser für den Beginn einer Paarberatung ein heftiger Streit mit den Eltern von Hanna. Karl hatte bei einem Familientreffen nachmittags beim Kaffee den Wunsch geäußert, nun ein Fußballspiel im Fernsehen anzuschauen. Auf das nach seinem Wortlaut »vielsagende bedrückte Schweigen« der Schwiegereltern wurde er wütend und sagte: »Das passt euch auch wieder nicht, richtig!?« Der nicht rühmliche weitere Wortwechsel endete damit, dass Karl wütend das Haus verließ und nach Hause fuhr. Nach den Kapiteln über Kommunikation und Bedürfnisse können Sie diese Sequenz natürlich auch auf dieser Ebene betrachten – hier möchte ich aber auf andere Ursachen und Hintergründe eingehen.

Seit diesem Streit waren alle Beteiligten in einer schwierigen Lage, und doch war diese Eskalation bereits seit Langem absehbar gewesen. So meinte Hanna: »Von Beginn an vor fünf Jahren hatten wir beide das Gefühl, dass die Beziehung zu meinen Eltern nicht richtig im Fluss ist. Es hatte immer etwas Bedrückendes an sich, wenn wir mit ihnen zusammen waren.« Karl ärgerte dies zunehmend, er interpretierte es als eine latente Ablehnung seiner Person oder wie ein »Nicht-angeschaut-und-respektiert-Werden«.

Für Hanna war die Situation nun dahin gehend belastend, dass sie sich wie auf zwei auseinanderdriftenden Eisschollen fühlte – und wie immer sie sich nun entscheiden würde, bliebe ein mulmiges Gefühl: Halte ich zu meinem Mann, befürchte ich den Kontaktverlust zu meinen Eltern. Stehe ich zu ihnen, verliere ich vielleicht meinen Mann – aber wie kann ich mich jetzt raushalten oder verhalten? Wir können vermuten, wie es den Eltern von Hanna wohl ging. Ratlos, vielleicht verletzt, enttäuscht und resigniert – aber auch Schuldgefühle und Selbstvorwürfe sind möglich. Alle leiden, und wieder scheint die Situation aussichtslos für alle Beteiligten.

Bei einer Darstellung des gegenwärtigen Systems mit Playmobil-Figuren auf einem Tisch stellt Karl folgendes Bild: Die Eltern Hannas stellt er nebeneinander und ihnen gegenüber stellt er Hannas ältere Schwester, Hanna und sich selbst dann in dieser Reihe. Als ich ihn frage, wie es ihm mit diesem Bild geht, sagt er: »Irgendetwas stimmt hier nicht für mich. Es sieht zwar harmonisch aus, aber für mich ist es beklemmend.« Ich sage ihm: »So wie du dich gestellt hast, stehst du wie ein Kind in dieser Familie – nur vom Bild her.« Für Karl ist diese Aussage irgendwie stimmig, er fühlt sich wirklich oft nicht als erwachsener Mann respektiert in seiner Familie.

Als wir die Ereignisse in den Herkunftsfamilien beleuchten, wird Folgendes offenbar: Die Familie Hannas hatte noch ein drittes Kind, einen Sohn. Dieser verstarb jedoch mit fünf Jahren an einer allergischen Reaktion. Hanna meinte, dieser Verlust wurde nicht wirklich verschmerzt von den Eltern und vielleicht gäbe es auch noch innere Vorwürfe, wer damals nicht richtig aufgepasst habe. Als Karl eine weitere Figur für diesen verstorbenen Sohn auf seinen Platz stellt und er selbst etwas mit seiner und mit der Figur seiner Partnerin raus auf einen Beobachterplatz rückt, atmet er erleichtert durch und kann nun gelassen auf diese Familie schauen. Aus diesem Bild und auch aus der Erfahrung liegt hier eine unbewusste Dynamik nahe:

Die Eltern Hannas möchten auf einer unbewussten, noch nicht ausgeheilten Ebene die Lücke in der Familie, die der verstorbene Sohn hinterlassen hat, schließen. Karl, der ein sehr ähnliches Alter erreicht hat, wie dieser Sohn nun hätte, stand innerlich in diesem System auf diesem Platz. Dieser unbewusste Versuch von allen Beteiligten, das System wieder zu heilen, führt jedoch zu einer neuen Tragik und einer symbolischen Neubelebung des damaligen Schmerzes: Die Eltern bekommen keinen wirklichen Kontakt zum »neuen Sohn«, weil der Verlust des leiblichen

Sohnes nicht wirklich gemeinsam verschmerzt wurde. Und wieder scheinen sie ihn zu verlieren, sind ratlos und fragen sich nach Sinn und vielleicht Schuld. Wie damals.

Hanna erlebt sich in einem Spannungsfeld zwischen Eltern und Karl, ist betroffen, aber hilflos, und fühlt sich oft wie gelähmt. Auch das sind Gefühlsqualitäten, die sie als Kleinkind massiv erlebte in der Zeit, als ihr Bruder starb.

Aber was ist mit Karl? Wie in den vorhergehenden Kapiteln angedeutet, muss Karl in sich das passende Schlüsselloch zu diesem Schlüssel tragen, um überhaupt auch selbst so tief und vor allem emotional in diese Familie verwickelt werden zu können. Und nochmals: Es gibt bei solchen Konflikten keine Schuld, sondern Dynamik. Es war nun also wichtig, im Familiensystem von Karl die Entsprechung zu suchen. Die Erfahrung systemischer Therapeuten zeigt allgemein, dass jemand sich auf den Platz eines »Fehlenden« stellt, wenn er in seiner eigenen Herkunftsfamilie auch jemanden vertritt, der bisher nicht wirklich geachtet, betrauert oder gesehen wurde. Und hier waren gleich mehrere Optionen: Da war der Vater des Vaters im Krieg geblieben, ohne seinen Sohn je lebend gesehen zu haben. Da war aber auch der früh verstorbene Bruder der Mutter, der im Herkunftssystem von Karl eine Lücke hinterließ.

Seit Karl in einer Familienaufstellung diese Plätze wieder für sich in seinem Herzen füllte und auf seinen angestammten Platz getreten ist, kann er entspannter auf die Familie von Hanna blicken und vor allem auch auf den dort verstorbenen Sohn.

Ich legte Karl nahe, sich innerlich tief vor dem Schmerz der Schwiegereltern und dem verstorbenen Sohn zu verneigen und zu sagen: »Ich sehe eure Verzweiflung, und ich kann euch da nicht helfen. Gerne jedoch mache ich euch als Schwiegersohn an der Seite eurer Tochter Freude.« Das ist die systemische Lösung.

Die Schwiegereltern sind auch im Partner

Auch Hanna und Karl sind eingeladen, die Vorgänge auch als einen Teil ihres Paarlebens anzuschauen und im Idealfall zu integrieren. Wie zu Beginn dieses Buches angedeutet, verlegen viele Paare unbewusst ein Problemthema auf einen Schwiegerelternteil, um den Konflikt in der Paarbeziehung zu vermeiden oder zu mindern. Diese Verschiebung funktioniert hier jedoch nur begrenzt als Lösung, weil Probleme mit den Schwiegereltern wiederum belastend auf das Paar zurückwirken.

Für Hanna ist das typische Thema »es allen recht machen zu wollen«, was aber auch hier definitiv nicht greift. Sie übersieht stets ihre eigenen Bedürfnisse und stellt sich zurück. Oft hängt so ein Verhalten mit inneren Schuldgefühlen zusammen. So wird die Strategie gewählt, immer gut für andere zu sorgen, um ja »nichts schuldig zu sein«. Für Karl macht dies Sinn, denn er fühlt sich oft schuldig und im Rückstand gegenüber Hanna, was ihn oft auch ärgert und wütend macht. Sein Kernthema ist jedoch das, was ihm die Schwiegereltern aufgezeigt haben: Es schmerzt ihn unglaublich, wenn er das Gefühl hat, nicht gesehen zu sein in seiner Eigenart und Eigenständigkeit. Dieses Gefühl erlebt er jedoch bei genauerer Betrachtung auch mit Hanna, nur kam es in der Paarbeziehung nicht so heftig und klar zum Vorschein wie mit den Schwiegereltern. Die Wunde rührt jedoch aus der kindlichen und familiären Vergangenheit Karls her. Wer hat ihn nicht wirklich gesehen, beachtet und angeschaut? Oder systemisch gefragt: Wer wurde nicht angeschaut und geachtet in der Familie? Beides sind Schlüssel zu einem entspannteren und gelasseneren Umgang mit seinen Schwiegereltern.

Paare kommen letztlich an der inneren Auseinandersetzung und Heilung der inneren Beziehung zu den Schwiegereltern nicht vorbei – denn in meinem Partner sind beide zu gleichen Teilen gegenwärtig. Und was ich an einem Schwiegerelternteil nicht ertrage, halte ich auch an meinem Partner nicht wirklich aus. Die Erscheinungsform ist hier vielleicht etwas gemildert, aber das zugrunde liegende Thema zeigt sich auch im Partner. Und die Wunde, die dadurch in uns berührt wird, ist immer unsere eigene – und um die sollten wir uns kümmern. Das ist unser Anteil und der einzige Ausweg: die Selbstheilung. So sind wir wieder bei dem Schluss, dass wir stets den Partner und damit auch die Schwiegereltern haben, die wir zu unserer Selbstheilung brauchen. Wünschen wir uns, dass immer mehr Paare und Eltern dies erkennen.

Wir haben stets den Partner und die Schwiegereltern, die wir zu unserer Selbstheilung brauchen.

Wertekonflikte und die Lösung für die Eltern

Was bei der obigen systemischen Dynamik erschwerend mit hinzukommt, ist der Umstand, dass durch das unbewusste Betrachten Karls als der »verlorene Sohn« er zu sehr in die Familie von Hanna mit hineingenommen wurde – obwohl die Kontakte ja eher distanziert waren. Aber innerlich versuchten die Eltern ihn zu integrieren, jedoch nicht als Schwiegersohn aus einer anderen Sippe mit anderen Weltanschauungen, sondern als eigenen Sohn, als wäre er einer von ihnen. Dagegen sträubte sich Karl aus Verbundenheit zu seiner eigenen Herkunft, und dieser Hintergrund erzeugte wiederum Spannungen.

Der eingangs geschilderte, scheinbar geringe Auslöser für den Streit spiegelt dies auch wider: Gemeinsames Essen und Feiern hat in der Familie Hannas große Tradition und damit auch einen hohen Wert. »Richtige« Familien machen das so, lautet die innere Überzeugung in dieser Familie. Bei Karl waren solche Feiern eher selten, aber spontane Unternehmungen mit seinem Vater hatten einen hohen Stellenwert – oft ging es zu Sportveranstaltungen. All das kann in Sekunden zu einem Konflikt zwischen Paaren und Familien führen, weil jeder innerlich seine Werte meint verteidigen zu müssen und sich durch die Andersartigkeit des anderen angegriffen fühlt in seinem Sosein. Es geht also einmal mehr darum, ob wir die Liebe so weit in uns entwickelt haben, dass wir es urteilsfrei achten können, wenn ein Mitmensch sich gerade anders verhält, als wir es tun würden.

Für Hannas Eltern wäre es eine zusätzliche Lösung, sich noch einmal mit einem Therapeuten dem verstorbenen Kind zuzuwenden und den Verlust wirklich zu verschmerzen, sich gegenseitig anzuschauen und zu sagen: »Es lag nicht in unserer Hand. Lieber Mann/liebe Frau, jetzt tragen wir es gemeinsam.« Zu dem verstorbenen Kind könnten sie innerlich sagen: »Wir bewahren dich im Herzen. In unserem Herzen gehörst du weiter mit dazu. Danke für die Zeit, die wir dich haben durften.« Wir Menschen haben bei Verlust immer die Wahl, ob wir uns in Trauer verlieren, ob wir verdrängen oder ob wir uns dem Schmerz stellen und mit ihm dankbar auf die Zeit und die Erfahrungen schauen, die wir mit dem Verlorenen hatten – egal was es ist. Letzteres löst jedoch wirklich und reinigt die Seele.

So könnten Hannas Eltern innerlich auf den Schwiegersohn schauen und sagen: »Wir sehen jetzt, dass du anders bist als wir. Aber wir mögen dich. Das hier ist unser Sohn, und wir achten jetzt deine Familie.«

Das Beziehungs- und Familiengewissen

In den vorhergehenden Kapiteln haben Sie immer wieder Einblicke in Hintergründe erhalten, die vollkommen unbewusst sind und sich unserem bewussten Denken und Wollen entziehen. Erinnern Sie sich an die Beispiele, wo Betroffene erst Lösung erfahren durften, als sie solche im Herzen würdigten, die Platz gemacht haben oder einen Preis auf dem Weg zur gegenwärtigen Situation bezahlt haben. Erst dann konnte das daraus entstehende Glück genommen und seelisch ausgehalten werden.

Oder der Mechaniker, der unbewusst mit seiner Mutter das Fehlen ihres Vaters tragen wollte – und dass seine Frau ihn unbewusst freikämpfen wollte, indem sie sich gegen diese Schwiegermutter stellte. Oder auch eben angeführtes Beispiel, wo Eltern im Schwiegersohn den eigenen verlorenen Sohn unbewusst suchen und dieser einen Schmerz wiederholt, der wiederum etwas mit seiner Herkunftsfamilie zu tun hat.

Ebenso wurden Ordnungen beschrieben, welche Beziehungen Vorrang bekommen sollten, damit diese überhaupt gelingen können. Beispielsweise, dass die Partnerschaft Vorrang vor der Elternschaft hat oder dass es nur gut weitergehen kann, wenn alle Beteiligten anerkennen, dass eine Paarbeziehung oder neu gegründete Familie Vorrang hat vor den Herkunftsfamilien – hier also nur Konflikte und Belastungen entstehen, wenn Eltern nicht von Kindern oder Kinder nicht vom Elternhaus lassen können.

Auch wurden Hintergründe erläutert, wo beispielsweise Kinder in ihrem gewählten Partner unbewusst versuchen, wieder jemanden in die Familie zurückzuholen, der nicht gewürdigt oder ausgeklammert war. So in dem Beispiel von der Tochter, die in ihren Partnern ihren Vater wieder ins System holen wollte, indem sie bereits zum dritten Mal einen von der Gesellschaft als »schwarzes Schaf« bezeichneten Partner wählte.

Sie haben also bereits vieles über die Wirkungsweise und Ordnungen aus einer machtvollen Kraft in diesem Buch gelesen. Ich möchte es hier nochmals beim Namen nennen. Die Kraft, die in all diesen Beispielen unser Fühlen und Handeln so mächtig lenkt, ist eine Instanz, die uns nicht bewusst ist: das *Familien- und Beziehungsgewissen*.

Dieses Gewissen umfasst unsere Geschwister, Halbgeschwister, Ausgeklammerte und Verschwiegene, Abgetriebene und Totgeborene, die Eltern mit ihren leiblichen Geschwistern, die Groß- und Urgroßeltern. Ebenso wirken in diesem Gewissen wie beschrieben solche, die Platz gemacht haben – also frühere Partner oder jene, die einen Preis bezahlt haben für ein heute zugängliches Glück. Dieses Gewissen ist auch verbunden mit Personen und Gruppen, die ein besonderes Schicksal hatten. Ebenso mit solchen, die durch unsere Familie Schaden erfahren haben, und mit solchen, die unserer Familie Schaden zugefügt haben.

Dieses Beziehungs- und Familiengewissen zeigt sich für unsere Augen nicht direkt erkennbar, und nur wer die Wirkungsweise und Ordnungen dieser inneren Instanz kennt, kann ihr Wirken und dadurch auch Auswege aus schwierigen Lebenswegen und tief belastenden Situationen finden. Therapeutisch gibt es derzeit nur einen Hauptweg, mit diesem Gewissen heilsam und lösend in Kontakt zu kommen: durch Familienaufstellungen.

Ich bin durch die bisherigen Ausführungen auf einige Aspekte dieses Gewissens eingegangen, die eine wesentliche Rolle für Sie als Eltern, Kind oder Schwiegereltern haben. Ebenfalls beruhen die später noch folgenden inneren Reisen und Übungen, die Sie für sich und Ihr Umfeld nutzen können, gerade auch auf den Einsichten und Erfahrungen, die ich selbst als Familienaufsteller habe. Mit diesen Übungen können Sie dieses innere Gewissen berühren und dort Linderung oder Lösung in manchen Themen auf den Weg bringen.

Warum Familienaufstellungen wirken

Wenn Sie selbst noch nie Aufstellungen unter professioneller Leitung miterlebt haben, bleiben gewiss noch Fragen offen. Einige können noch beantwortet werden – andere nicht wirklich. An wen richten sich beispielsweise die gesprochenen Lösungssätze wirklich? Im Beispiel von Annelie (siehe Seite 80 ff.) sprach diese Frau ja stellvertretend Personen an, die allesamt bereits verstorben waren – ihre Mutter, ihren Vater und dessen Mutter, die mit im Haus lebte. Richten sich diese Sätze nun also fast mystisch anmutend wie ein Gebet an die Seele der Verstorbenen? Oder kommt die erleichternde Wirksamkeit einfach über den Umstand, dass etwas in einer Beziehung nachgeholt und ausgesprochen wird, was damals nicht ausgesprochen wurde? Dass sich also unser Unbewusstes entspannt und erleichtert und wir letztlich nur mit Aspekten unseres eigenen Unbewussten in Kontakt treten – mit den Personen unseres Lebensweges, wie wir sie verinnerlicht haben?

Wir können es auch so sehen, dass jemand, der mit seiner Mutter in einer Aufstellung Frieden findet, mit sich selbst und mit den verinnerlichten Anteilen seiner Mutter in sich selbst Frieden schließt und dadurch mehr mit sich und seinem Leben in Einklang kommt. Oder dass wir einfach unser unbewusstes Gewissen entlasten, wenn wir eine Person würdigen, die in der Vergangenheit einen Preis für unser Glück bezahlte.

Psychologische Erklärungen reichen aber für viele Phänomene in und nach Familienaufstellungen nicht aus. Es erklärt nicht die tiefen Bindungen, die Betroffene in Aufstellungen fühlen und lösen können zu Personen, die sie persönlich gar nicht kennengelernt haben. Warum veränderten Armins Beziehungen sich so positiv und entspannend nach der »Begegnung« mit seinem ermordeten Großvater, den er persönlich nie kennengelernt hat (siehe Seite 44 ff.)? Ebenfalls unklar ist, warum Geschwister sich aus Loyalität zu einem früh verstorbenen oder ausgeklammerten Kind selbst in ihrem Glück reduzieren, bis sie dieses mit in die innere Familie aufgenommen und integriert haben. Auch bleibt bei rein rationalen Betrachtungen ungeklärt, wie sich Gefühle innerhalb einer Familie sogar über Generationen verschieben können – und Aufstellungen sowohl den Ursprung aufzeigen als auch eindeutig Lösung bringen können.

Es bleibt rätselhaft, warum ein Stellvertreter in seiner Rolle als Großvater kaum stehen konnte und sagt, er fühle sich, als hätte er nur ein Bein – und danach erst wird erwähnt, dass dieser Großvater wirklich ein Bein im Krieg verloren hat. Woher kommen diese Informationen, die in Aufstellungen zu Phänomenen wie diesen führen? Es ist noch nicht geklärt, warum Aufstellungen oft Ereignisse oder Hintergründe ans Licht bringen, über die erst im Nachhinein Informationen aus der Familie eingeholt werden können – beispielsweise, dass es noch ein Geschwister gab oder Unklarheiten in einer Vaterschaft bestehen.

All das wird erst erklärbar, wenn wir eine unsichtbare Verbundenheit annehmen. Ein inneres Wissen und Gewissen, in dem wir Informationen austauschen, und ein »wissendes Feld«, das in Aufstellungen zugänglich wird. C.G. Jung (1875–1961), Mitbegründer der analytischen Psychologie, wird leider heute noch in vielen Fachkreisen aufgrund seiner Überzeugung und Theorie von einem »kollektiven, gemeinsamen Unbewussten« belächelt. Wie lange noch kann man sich dieses Lächeln leisten angesichts so vieler Rätsel? Der Wissenschaftler Rupert Sheldrake erforscht solche wissenden Felder und Verbundenheiten in der Natur. Erwähnt sei hier kurz eine beobachtete Affengattung, die plötzlich Tausende Kilometer entfernt die unter menschlicher Aufsicht erlernten Verhaltensweisen von ihren Artgenossen übernahm. Wie wurde die Information über diese große Entfernung übertragen, sodass am nächsten Tag alle Affen dieser Gattung das neue Verhalten zeigten?

Die Funktionsweisen eines familiären, inneren Gewissens sind erfahrbar und klar nachvollziehbar in ihrer Wirkung – wissenschaftlich erklärbar sind sie nicht. Die meisten Erklärungen finden wir hierzu eher und zuhauf in religiösen und spirituellen Überlieferungen. Wir müssen nicht alles wissen und verstehen – Hauptsache, etwas dient uns, Frieden und Klarheit zu finden und die Liebe wieder ins Fließen zu bringen. Und das können Familienaufstellungen in manchen Situationen und Fällen definitiv.

Der Deckblatteffekt – wie selektive Wahrnehmung Ehen zerstört

Nach allem, was Sie bisher in diesem Buch gelesen haben, sollte eines inzwischen klar sein: Was auch immer Sie erschüttert, an Grenzen bringt, resigniert, depressiv oder aggressiv macht – es ist ein wunder Punkt in Ihnen. Ein wunder Punkt, der sich in weit mehr Lebensbereichen und Kulissen auswirkt, als nur in Ihrer Paarbeziehung oder Beziehung zu einem Schwiegerelternteil oder zu wem auch immer. Da draußen in der Welt ist also jemand, der diesen Punkt in Ihnen tief schmerzhaft berührt, ohne dass er dies bewusst möchte. Und doch tut er es. Dieser wunde Punkt kann aus Ihrer Lebensgeschichte, aus Kindheitsjahren oder einem traumatischen Moment stammen. Ebenso kann diese Wunde ihren Ursprung in der Familienkonstellation haben, in die Sie hineingeboren wurden.

Unterm Strich bleibt: Da ist ein Mensch, eine Situation, die Sie als Wesen erschüttert und an Grenzen bringt. Nicht dieser Mensch oder die Situation sind daran schuld, sondern Ihr Erleben, Ihre Interpretationen, Ihr persönlicher Schmerz dazu, Ihre Entsprechung. Wenn Sie das anerkennen, können Sie selbst schwierigste Konflikte als Chance zur Selbstheilung und Selbsterkenntnis annehmen.

Ich möchte hier an einem Beispiel noch aufzeigen, wie es ohne dieses Bewusstsein schnell geschehen kann, dass Ehen unter einem Konflikt mit einem Schwiegerelternteil scheitern.

Sarah (43) lebte mit Ralph in einer für sie nicht leichten Ehe. Sie fühlte sich oft durch Ralph in ihrem Lebensraum eingeschränkt, »eher gebraucht, als wirklich gesehen und geliebt«. Sie hatte sich nach ihrem Erleben irgendwie in der Beziehung verloren und viel Leichtigkeit, Freude, Spontaneität, Autonomie und damit Lebendigkeit eingebüßt. Die Sehnsucht nach der Erfüllung dieser Bedürfnisse machte die Beziehung zur Qual. Da Sarah nicht gelernt hatte, sich diese Bedürfnisse auch innerhalb einer festen Beziehung liebevoll zu erfüllen, machte sie latent, also eher stillschweigend, Ralph den Vorwurf, er sei an der Situation schuld.

Ihren Schwiegervater erlebte sie als »noch viel schlimmer«. Sie fühlte sich von ihm regelrecht übergangen, in seinen Besuchen, seinen dominant vertretenen Weltanschauungen und in manchen Wesenseigenarten von ihm wie überfahren. Was hier nur bedeutet: Der Schwiegervater berührte noch deutlicher als ihr Partner einen wunden Punkt in ihr. Und zwar so tief, dass sie anfing, die Begegnung mit ihm möglichst vollkommen zu meiden. Oft waren sie aneinandergeraten, leider ohne die Ergebnisse, die wohl beide sich gewünscht hätten.

Mit Abstand betrachtet wäre das Ganze noch nicht so schlimm: Da ist in der Partnerschaft eine Dynamik, die einen alten wunden Punkt berührt, der heil werden will. Und da ist ein Schwiegervater, der dieses Thema noch tiefer berührt.

Nun geschah aber etwas, was ich den »Deckblatteffekt« nenne. Sarah nahm verstärkt die Wesenszüge des Schwiegervaters in ihrem Ehemann Ralph wahr. Alles, worin er seinem Vater ähnelte, alles, was Sarah an diesem störte, also genauer betrachtet das, was sie selbst in Schwierigkeiten brachte, wurde nun stärker wahrgenommen. So hieß es nun immer öfter vorwurfsvoll: »Du bist genauso wie dein Vater!«

Die selektive Wahrnehmung ist ein Übel unseres gewöhnlichen Bewusstseins. Wir nehmen, wie auch schon weiter oben beschrieben, verstärkt das wahr, was wir glauben und jemandem an Qualitäten zuschreiben. Durch diese Bewusstseinsfunktion geschieht es dann, dass wir neunmal nicht wirklich bemerken, wenn sich jemand in einer für uns neutralen oder angenehmen Art verhält, aber das eine Mal, dieses eine Mal, wo sich unsere innere Wahrheit bestätigt, nehmen wir auf einmal deutlich und mächtig den Missstand wahr und gehen damit in Resonanz. Wir zeigen mit dem Finger darauf, als würden wir sagen: »Ha! Da haben wir es wieder. Ich wusste, dass du so bist!«

So geschah es auch bei Sarah und Ralph. Sarah konnte immer weniger Ralph wirklich sehen, immer mehr sah sie dessen Vater mit seinen für sie unliebsamen Eigenschaften in ihm. So als hätte sie ein Deckblatt über Ralph und die ganze Realität gelegt – ein Deckblatt, auf dem nur noch die negativen Eigenschaften stehen. Das hat viele fatale Folgen. So werden die problematischen Momente für Sarah dadurch immer mehr, weil sie diese mit ihrem Fokus permanent beleuchtet und dadurch genau die Pflanzen düngt, die sie nicht haben will. Für Ralph wird das Ganze wie ein Gehen auf Zehenspitzen, aber jeder »Fehltritt« wird gnadenlos beleuchtet und bestraft. Ebenso verletzt es tief seine Seele, wenn permanent sein Vater, er hat nur diesen einen, angegriffen und abgewertet wird.

Auf solchen Kulissen entwickeln sich dann Ehe- und Familienkulissen, die Schlachtfeldern gleichen. So war auch die Ehe von Sarah und Ralph gescheitert. Mit viel Schmerz auf allen Seiten und keiner fühlte sich wirklich gesehen und verstanden darin.

Sarah hätte die Chance gehabt, zu erkennen und sich selbst zu gestatten, dass ihre Bedürfnisse erfüllt und wahrgenommen werden dürfen und dass dafür niemand anders als sie selbst zuständig ist. Die Reduktion in all den oben genannten Bedürfnissen zeigte nur auf, wie sehr Sarah in der Anpassung gelebt hatte. Wahrscheinlich hatte sie früh gelernt, mehr auf andere als auf sich selbst zu achten. Der Schmerz und Frust, die jedoch daraus entstehen, treffen leider immer genau die Menschen, die man am meisten liebt.

Für Ralph ist das Thema ganz ähnlich. Auch er steht nicht wirklich aufrecht in seiner Kraft, wenn er sich auf Zehenspitzen in der Partnerschaft bewegt – ängstlich, für sein Sosein kritisiert und angegriffen zu werden. Auch das ist Anpassung, und es gibt eine alte Wunde, die sagt: »So wie ich bin, bin ich nicht willkommen und geliebt.« Es könnte für ihn eine interessante Frage sein, ob ihm seine Frau Sarah nicht seine eigene unbewusste Ablehnung seinem Vater gegenüber widerspiegelt. Oder ob er schon früher den Schmerz erlebte, dass jemand aus seinem Umfeld permanent seinen Vater abwertete – vielleicht seine Mutter oder auch ein Schwiegerelternteil. Erinnern Sie sich: Nichts aus unserem Umfeld, was uns trifft, ist zufällig da und präsent in unserem Leben – es will uns etwas sagen, über uns selbst.

Die Notbremse ziehen

Wenn Sie sich in einem Deckblatteffekt wiedererkennen, ist es höchste Zeit, die Notbremse zu ziehen – sonst werden die Verletzungen so schlimm, dass kaum eine Beziehung dem standhalten kann.

Als Erstes ist es wichtig, dass Sie die Deckblätter der Persönlichkeiten wieder voneinander trennen. Um es zu verdeutlichen: Sarah hatte Ralph mit dem Deckblatt seines Vaters überdeckt. So findet eine Überlagerung statt, in der es nicht mehr möglich ist, jemanden einfach zu sehen, wie er ist. Tatsächlich ist uns eine wirklich objektive Wahrnehmung eines Menschen nie möglich – wir sehen ihn immer durch unsere Filter und Brillen. Das ist die gewöhnliche selektive Wahrnehmung, mit der wir eben leben müssen. Bei der hier beschriebenen Überlagerung jedoch wird unsere Wahrnehmung noch weiter und fataler begrenzt.

Da ist also zum Beispiel ein Schwiegerelternteil, der Sie richtig an Grenzen bringt. Nehmen Sie das aus Ihrer Paarbeziehung heraus! Denn die Erscheinungsform von problematischen Wesenszügen oder Verhalten ist in Ihrem Schwiegerelternteil immer deutlich höher vorhanden als in Ihrem Partner. Sie tun Ihrem Partner unrecht und verletzen ihn, wenn Sie behaupten, er sei genau wie dieser Schwiegerelternteil. Hören Sie also ganz dringend damit auf, diese vergleichenden und abwertenden Formulierungen zu verwenden. Gewinnen Sie Abstand. Da ist ein erwachsener Mensch, mit dem es nicht leicht ist für Sie. Da ist jemand, an dem Sie wachsen können. Mehr ist es nicht. Gewinnen Sie Abstand, schauen Sie in sich hinein, welche Wunde hier in Ihnen ist, und versuchen Sie Wege zu finden, diese zu heilen. Bis dahin betrachten Sie den Schwiegerelternteil einfach als einen gewöhnlichen Menschen, mit dem es gerade nicht leicht für Sie ist.

Entspannter für Sie als Paar wird es jedoch in dem Maße, wie es Ihnen gelingt, die Schwiegereltern in Ihrem Partner zu achten und im Idealfall zu lieben. Das mag in manchen Fällen eine sehr hohe Hürde und Ausrichtung sein, aber sie ist zu meistern.

Erinnern Sie sich: In Ihrem Partner ist seine ganze Familie mit ihrer einzigartigen Geschichte gegenwärtig. Sie lieben Ihren Partner. Ob Sie das gerade fühlen können, ist eine andere Frage – aber wie eingangs beschrieben: Die Sonne ist nie weg, manchmal hinter Wolken, manchmal auf der anderen Seite der Erde, aber gewiss ist, dass sie da ist und wieder erscheint unter entsprechenden Bedingungen. Genauso ist es mit der Liebe. Sie ist immer da und erscheint garantiert wieder, wenn gewisse Bedingungen geschaffen werden.

Parteilichkeiten beenden

Ebenso verschlimmern sich Konflikte und weiten sich aus, weil es den wenigsten gelingt, einen Konflikt dort zu lassen, wo er gerade stattfindet. Wenn Sie als Schwiegervater einen Konflikt mit Ihrem Schwiegersohn haben, sind wir gewöhnlich so gepolt, uns über Dritte Unterstützung und Verbundenheit sichern zu wollen. Ebenso neigen Außenstehende zu der irrigen Annahme, nun zwischen Richtig und Falsch, Gut und Böse und damit zwischen Täter und Opfer entscheiden zu müssen – und dementsprechend neben einem der Konfliktpartner einen unterstützenden Platz einnehmen zu müssen.

Lassen Sie Konflikte dort, wo sie stattfinden.

Als ich einen Konflikt mit meiner Schwiegermutter hatte, war eine meiner größten Ängste, dass nun zusätzlich die Beziehung zu meinem Schwiegervater belastet sein könnte oder sich der Konflikt auf noch weitere Personen ausweitet. Gott sei Dank war dies nicht der Fall. Vielleicht auch, weil ich Gelegenheit hatte, meinem Schwiegervater meinen Schmerz über die Vorgänge zu zeigen, und er dadurch auch meine Betroffenheit und Menschlichkeit unmittelbar fühlte. Aus vielen Beispielen in der Praxis weiß ich aber, dass dies mehr ein Geschenk als die Norm war. Da wenden sich dann Schwager oder Schwägerinnen urteilend ab, die Verbindung und Leichtigkeit zum zweiten Schwiegerelternteil gehen zusätzlich verloren und ein Konflikt, der mit Abstand betrachtet einfach zwei erwachsene Menschen betrifft, zerrüttet auf einmal ganze Familien. Erst dadurch entstehen dann oft ein Druck und eine Last, die Paare und Familien ins Scheitern zwingen können. Also ist es immer wieder gut, sich entspannt zu fragen, wer das Problem und den Konflikt gerade wirklich hat – und es dort auch zu belassen. Einmischung beinhaltet oft ebenso Anmaßung wie innere Urteile.

Was brauchen wir, um uns aus einem Konflikt zwischen zwei Menschen herauszuhalten, gerade auch, wenn uns beide oder einer besonders lieb sind? Zum einen die Einsicht, dass eine Einteilung in »schuldig« und »Betroffener« noch mehr trennt als verbindet und weitere negative Emotionen mit sich bringt. Zum anderen, dass wir anderen zutrauen und auch zumuten, ihre Angelegenheiten selbst klären zu können. Das strahlt Ebenbürtigkeit und Wertschätzung aus. Wir müssen nicht einspringen und retten oder helfen. Dynamisch betrachtet hilft anderen im Übrigen weit mehr, wenn ihr Umfeld ihnen die Lösung selbst zumutet und vor allem zutraut – alles andere schwächt in der Tiefe und schafft Abhängigkeiten und Co-Abhängigkeiten.

Ich spreche hier nicht von Teilnahmslosigkeit oder Gleichgültigkeit – nein, ich spreche von einer tiefen, aufrichtigen Anteilnahme, die aber in der ebenbürtigen und vor allem unparteiischen Präsenz bleibt, ohne direkt helfen zu müssen, weil man selbst die Not des anderen nicht ertragen kann. Diese nicht wissende Anteilnahme hat Heilkraft für Einzelne wie für Systeme. Sie ist die Gabe, Schmerz und Not eines anderen sehen und da sein lassen zu können, ohne dass wir diesen Schmerz gleich beschwichtigen oder ausräumen müssten. Da ist ein Missstand, ein Schmerz, ein Konflikt – okay. Ich sehe das und stimme zu, dass es eben gerade so ist. Ebenso braucht es die Fähigkeit, Ratlosigkeit, Ohnmacht und Unwissen aushalten zu können. Ich höre, wie betroffen es dich macht, ich kenne keinen Ausweg – und ich stimme still diesem Nicht-Wissen in mir zu. Ich bin einfach da.

Nicht wissende Anteilnahme hat Heilkraft für Einzelne wie für Systeme.

Wenn uns diese Haltungen gelingen, kann uns der Konfliktvirus nicht infizieren. Wir können weiterhin eine gute Verbindung mit zwei Parteien und Menschen halten, auch wenn diese gerade nicht in entspannte Verbindung treten können. Und sollte einer der beiden Streithähne latent versuchen, uns durch Urteile und seine schmerzhaften Sichtweisen auf seine Seite zu bringen, ist es unsere Wahl, ob wir innerlich diesen Weg mitgehen oder einfach erkennen und beobachten.

Mächtig und hilfreich ist dabei natürlich die Gabe, innerlich den Blick auf die wahren Bedürfnisse des Klagenden zu richten, mehr als auf seine benutzten Worte – diese Kunst wurde im Mittelteil dieses Buches beschrieben. Da hören wir dann vielleicht das Bedürfnis nach Wertschätzung heraus, nach Unterstützung und womöglich noch ein anderes. Das kann ich mitfühlend sehen, ohne parteilich zu werden. In der Tiefe bewirken Sie dadurch weit mehr Gutes und Entspannung im System, als wenn Sie sich, mit wem auch immer, gegen den anderen verbünden würden.

Wann ist Trennung eine gute Lösung?

Ich glaube nicht, dass Ihnen auch nur ein Mensch sagen kann, wann eine Trennung für Sie eine gute Lösung ist. Bestimmt werden Sie viele finden, die aus Sympathie zu Ihnen bereit sind, Ihre Sichtweisen zu übernehmen, parteiisch zu werden und Ihnen in Bezug auf eine Trennung dann die Seite oder den Rücken zu stärken. Urteilen ist leicht und auch die unbewusste Einbringung eigener Schmerzen des gewählten Gesprächspartners kommt da meist schnell auf den Tisch. Eines wissen Sie jedoch nie wirklich: ob Sie durch die Trennung vor einem Thema flüchten, das eigentlich das Ihre ist und gerade zur Heilung anstehen würde – oder ob sich Ihre Beziehung erfüllt hat und die Trennung im Einklang mit höherer Weisheit und im wahrsten Sinne in Ordnung ist. Die Frage der Überschrift ist somit kaum zu beantworten.

Zurückhaltung ist in jedem Fall als Außenstehender angemessen. Wenn uns bewusst ist, dass jede Beziehung gerade auch innere Themen und eigene Anteile widerspiegelt, müsste doch durch entsprechende Selbstheilung *jede* Krise und *jede* Beziehung liebevoll und wunderbar geführt werden können, oder? Ich hinterfrage das selbst, weil ich auch schon so etwas wie »Beziehungsmasochismus« gesehen habe. Paare, die sich seit Jahren Kraft kosten, sich gegenseitig in der wirklichen Entwicklung eher beeinträchtigen als fördern, bleiben vehement beim Entschluss »durchzuhalten« – vielleicht weil eine Trennung als Niederlage erlebt würde? Ich habe sogar schon Paare gesehen, die so schlimm miteinander umgehen, dass man befürchten könnte, sie machen sich gegenseitig krank – um dann groteskerweise in der Krankheit sagen zu können: »Gut, dass ich dich habe, jetzt wo du mich pflegst.« Andererseits habe ich auch schon Paare erlebt, die sich ebenfalls jahrelang graue Haare bereitet haben und auf einmal durch entsprechende Ausheilung der inneren Themen vollkommen neue Beziehungsseiten zur Freude aller Beteiligten entwickelt haben. Selbst ein Paar, das zur Beratung kam, um sich im Guten trennen zu können, ist nach Monaten ganz neu zusammengekommen und erfreut sich nun an einer gemeinsamen Elternschaft.

Nein, ich muss gestehen, ich kenne die Antwort hier nicht, und ich weiß, dass Trugschluss, Flucht und wahre innere Führung hier hautnah beisammenliegen. Bert Hellinger spricht von einem Paarschicksal, gegen das man sich nicht stellen kann. Vielleicht hat er recht. Dann können wir gelingende Beziehungen nicht uns selbst an die Brust heften, sondern wir nehmen sie dankend als Geschenk und sind nicht besser als die, die sich schmerzlich getrennt haben. Aber was ist dann mit denen, die nach jahrelanger Intensivarbeit an sich und ihrer Seele die Früchte auch in ihrer Paarbeziehung einfahren? Und woher sollen wir wissen, ob nicht viele Beziehungen segensreich hätten werden können, wenn die Beteiligten tief an sich gearbeitet hätten? Warum scheitern aber auch Paare, die so tief und intensiv an sich arbeiten und alles daransetzen, die Beziehung in Ordnung zu bringen? Wer kann das wirklich beantworten? Nur Sie selbst können tief in Ihrer wirklichen Mitte bei der Frage nach Trennung herausfinden, ob Sie flüchten, ob Sie alle Wege der Heilung und Selbstheilung versucht haben – oder ob eine Trennung wirklich ansteht und gut ist.

Das Ehegelübde ist für viele eine Bürde in und nach Trennungszeiten. Wenn ich sehe, welche Einflüsse in Paarbeziehungen wirksam sein können und wie viel Wucht manche Dynamiken haben können, frage ich mich, ob wir solche Versprechen überhaupt geben können und sollten. Nach meinem Gottverständnis und meinen Beobachtungen als Therapeut müssten die zementierenden und ehrfürchtig stimmenden Priesterworte »Was Gott verbunden hat, darf der Mensch nicht trennen« stimmiger lauten: Was das hohe Selbst verbunden hat, darf das niedere Selbst nicht trennen.

Was das hohe Selbst verbunden hat, darf das niedere Selbst nicht trennen.

Fragen Sie niemanden da draußen. Wer meint, die Lösung für Sie zu wissen, ist meist weit mehr anmaßend und urteilend als allwissend. So sollten wir auch als Außenstehende, sei es als Eltern oder als Schwiegereltern, in Anbetracht der vielschichtigen Wirkungen in Paarbeziehungen uns achtsam zurück- und stillhalten in Bezug auf dieses Thema. In jedem Fall ist der Partner, den Sie haben, so lange genau der Richtige, wie er an Ihrer Seite ist. Und wenn Sie Kinder haben, ist er der richtige und beste Elternteil, den die Kinder für diese Reise haben können.

Die Kraft des Geistes und des Herzens

Mentale Übungen – ein mächtiger Schlüssel zu Wandlung und Heilung

Ich möchte jetzt über die psychologischen und systemischen Erkenntnisse und Sichtweisen noch hinausgehen. Wir betrachten damit den vierten Weg in diesem Buch zu Wandlung und Heilung in Ihren Beziehungen: der Einsatz der Geistes- und Herzenskraft durch mentale Übungen. Sie können Ihre Beziehungen kraft Ihres Geistes heilen.

Manche der hier aufgeführten mentalen Übungen und deren Wirksamkeit könnten zum Teil auch psychologisch erklärt werden – irgendwann wird es aber mühselig, wenn man es sich nicht innerlich erlaubt und auch deutlich benennt, dass es mehr zwischen Himmel und Erde gibt, als wir bisher rational erklären und ergründen können. Ich werde hier also auch von Geisteskraft, Seele, Energie und Gott sprechen. Vieles davon ist nicht beweisbar – aber alles lässt sich erfahren und damit kann nur das Leben selbst Ihnen zum Beweis werden. Wenn Sie also zu den Menschen gehören, die alles rational verstehen wollen und alles andere sehr kritisch sehen oder gar pauschal als Humbug bezeichnen, wird das Folgende möglicherweise nicht das Ihre sein. Außer Sie haben den Mut, sich auf die Übungen einzulassen – dann könnte das Leben Ihnen vielleicht neue Erfahrungen, Erkenntnisse und Sichtweisen liefern.

Heilen Sie Ihre Beziehungen kraft Ihres Geistes.

Täglich geschehen weltweit Wunder durch den Einsatz solcher und ähnlicher geistiger Mittel und Kräfte, die wissenschaftlich und schulmedizinisch absolut unerklärbar sind. In diesen Bereichen, wie auch in wissenschaftlichen Grenzbereichen der Physik, der Quantenphysik oder der Parapsychologie, erscheint immer auch das Mystische, Unerklärbare, Göttliche.

Die Wissenschaft rätselt, wie es sein kann, dass Informationen am Zielort sein können, bevor sie abgesandt wurden – ein Phänomen in der Quantenphysik. Das macht es möglich oder legt vielleicht sogar nahe, dass Ihre Gedanken und Worte über Ihren Schwiegervater oder Ihre Schwiegertochter unter Umständen schon bei diesem ankommen und unbewusst wirken, bevor Sie zu Ende gesprochen und gedacht haben – egal, wie weit Sie gerade räumlich auseinander sind.

Auch wird gerätselt, warum allein Worte, die auf ein Glas geklebt oder in es hineingesprochen oder -gedacht werden, auch auf Hunderte Kilometer Entfernung fotonachweislich die kristalline Struktur von Wasser vollkommen verändern – je nachdem, ob es ein harmonisches oder disharmonisches Wort war. Alles, was wir also übereinander denken und sprechen, beeinflusst unmittelbar auch unseren Körper – wir bestehen zu über zwei Drittel aus Wasser. Diese Konsequenz ist mehr als logisch!

Spontanheilungen von sonst tödlichen und unheilbaren Krankheiten gibt es ebenfalls weltweit klar dokumentiert – wie das sein kann, bleibt aus medizinischer Sicht vollkommen ungeklärt und wird dann als Rätsel geparkt und schnell vergessen. Als Wunder bezeichnen Menschen Gegebenheiten und Ereignisse, über deren Hintergrund und Gesetzmäßigkeit sie kein Wissen haben. Das bedeutet aber noch lange nicht, dass es da keine Gesetze im Hintergrund gibt – die gibt es sehr wohl!

Gegebenheiten und Ereignisse, über deren Hintergründe und Gesetzmäßigkeiten wir nichts wissen, sind für uns »Wunder«.

Unerklärbarkeiten gibt es derzeit in allen Naturwissenschaften. Die Wissenschaften sind so weit fortgeschritten, dass sie an Grenzen herantreten, wo das Unfassbare sich offenbart: Dinge und Begebenheiten, die mit dem bisherigen und gewöhnlichen Denken und Wissen absolut unerklärbar sind. In den nächsten Jahren und Jahrzehnten wird vieles revidiert werden, was bisher als Geschichte oder unumstößliche Wahrheit galt.

Seien Sie sich einfach gewiss, dass Sie und alle um Sie herum mehr sind als nur ein körperliches Wesen. Weit mehr. Ihr Körper und alles, was sichtbar, aber auch nicht sichtbar ist, ist ein Energiefeld. Und wir sind von nichts und niemandem in diesem Feld wirklich getrennt. Wenn Ihnen diese Aussage esoterisch oder religiös vorkommt und Sie das nicht glauben oder ernst nehmen wollen, lassen Sie sich von einem hochgradigen Physiker erklären, was Ihr Körper eigentlich genau in seiner Zusammensetzung ist und warum die Dinge so erscheinen, wie sie sind. Über die Antwort können Sie dann lange nachdenken – und kommen dann wohl doch wieder zu der vereinfachten Zusammenfassung, die ich gerade gegeben habe. Es geht längst nicht mehr nur um Glauben – es geht mehr um die Frage, ob Sie mutig genug sind zu erfahren, was Sie wirklich sind. Wir und die Welt sind *ein* Feld – wir können viel bewirken.

Wir und die Welt sind *ein* Feld.

Jede mentale Übung, die Sie mit Wohlwollen für sich, für Ihre Schwiegereltern, für Ihre Familie durchführen, birgt ein unermessliches Potenzial an Wandlungs- und Heilkraft innerhalb dieses Felds. Die Kraft des menschlichen Geistes ist von einer wundersamen Kraft beseelt und dieser Kosmos noch voller Rätsel und Wunder.

Den inneren Boden für positive Veränderung bereiten

Ich möchte Ihnen hier kurze, bei tiefer Durchführung jedoch sehr segensreiche Übungen weiterreichen. Machen Sie diese Übung in Bezug auf die Person aus Ihrem Familienkreis, mit der Sie derzeit die meisten Spannungen und auch die meisten scheinbaren Unterschiedlichkeiten haben. Es kann sein, dass Sie diese Übung für eine Weile, vielleicht mehrmals am Tag, für Wochen oder Monate, immer wieder und immer tiefer machen müssen – um Frieden für sich zu finden und über die Entspannung Ihrer Seele und des Geistes den Boden für positive Veränderung zu bereiten. Denn nur ein entspannter Geist kann eine schöne Welt hervorbringen.

Voraussetzung für die Übung ist, dass Sie so einen Rahmen gestalten oder finden, der es Ihnen ermöglicht, vertrauensvoll die Augen schließen zu können, zur Ruhe zu kommen, Ihren Atem zu beobachten und ganz präsent zu sein. Ob zu Hause, auf einem Naturplatz, in einer Kirche oder wo auch immer. Gegebenenfalls können Sie auch ein schönes Foto der Person für die Übung nehmen, vor allem bei den Textpassagen, und ihr die dann empfohlenen Worte auf diesem Wege sagen.

Zu Beginn können Sie es sich erleichtern, wenn Sie erst innerlich das beschriebene Einstiegsbild der mentalen Übung erzeugen und dann die Augen öffnen und die Texte der Übung einfach sanft für alle Beteiligten lesen. Wenn Sie dann die Inhalte im Herzen verinnerlicht haben, können Sie durchgehend die Augen geschlossen halten und die Übung bis zum Ende durchmachen.

Heilsame Verneigungen vor Ihrem Partner, einem Eltern- oder einem Schwiegerelternteil

Die hier beschriebene Meditation oder mentale Übung machen Sie regelmäßig in Bezug auf den Menschen, mit dem Sie sich mehr Frieden wünschen.

Schließen Sie die Augen, beobachten Sie tief und hellwach Ihren Atem. Stellen Sie sich innerlich vor, Sie sitzen Ihrem Partner/Ihrer Partnerin, Ihren Eltern oder Ihren Schwiegereltern gegenüber. Hinter dieser Person stehen deren Eltern, wieder dahinter etwas höher, wie auf einer aufsteigenden Treppe, die vier Großeltern, dahinter acht Urgroßeltern und viele Reihen Aufsteigende dahinter, die nur noch als Silhouetten erkennbar sind.

Atmen Sie eine Weile tief und ruhig auf dieses innere Bild, nur mit dem inneren Bewusstsein, dass Ihr Mitmensch aus all diesen Vorfahren in seiner Einzigartigkeit hervorgegangen ist und mit all diesen in tiefer seelischer Verbindung steht, egal was er im Alltag äußert oder zeigt. Stimmen Sie dieser Familienverbundenheit innerlich still zu, denn dagegen können Sie sich nicht stellen. Sie werden im Gegenteil sich beide zu Verlierern machen, wenn Sie versuchen, sich gegen diese Verbundenheit aufzulehnen.

Dann stellen Sie sich vor, wie hinter all diesen Vorfahren das göttliche Licht, das Licht des Ursprungs aller Formen, erscheint – grell wie die Sonne, aber unermesslich beeindruckender. Dieses Licht, von dem alles Leben ausgeht, fließt nun, wie von Stufe zu Stufe in einem Bach, segensreich von hinten nach vorn von Generation zu Generation – und fließt schließlich über den Kopf und die Hände in Ihren Mitmenschen hinein und erfüllt ihn vollkommen.

Denken Sie dabei mit friedlicher Gewissheit den Wunsch: »Der Segen des Ursprungs, der Segen deiner gesamten Familie strömt in dich hinein, erfüllt dein Herz, erfüllt deine Seele, leitet und führt dich.« Lächeln Sie dabei innerlich, glauben Sie fest, dass es in diesem Moment genau so ist. Lassen Sie dieses Bild, diesen inneren Vorgang, eine Weile geschehen.

Dann richten Sie Ihr inneres Bewusstsein auf die Eltern und alle dahinter stehenden Ahnen. Werden Sie sich gewahr, dass viel Leid, gerade auch in Kriegszeiten, in diesen Generationen zu tragen war. Lassen Sie das eine Weile innerlich still auf sich wirken, in Achtung vor diesen schweren Zeiten und in Würdigung auch vor all dem, was Sie nicht wissen.

Dann werden Sie sich innerlich klar, dass diese Familie, um so gut wie möglich durchs Leben zu kommen, über Generationen Werte und Weltanschauungen entwickelt hat, die dieser Familie in schweren Zeiten in irgendeiner Form geholfen haben. Würdigen Sie dies im Herzen.

Dann wünschen Sie innerlich Ihrem Mitmenschen mit seiner gesamten Familie: »Mögen alle Wesen gesegnet sein und sich jetzt an ihr wahres Wesen erinnern. Der Höchste wohnt in uns allen. Möge sein Licht nun in unserer Familie erscheinen, denn wo ER wirkt, findet jedes Wesen seinen Platz, die Augen werden sanft, die Herzen weich. Die Wesen wenden sich einander wohlwollend zu oder ziehen sich liebevoll segnend zurück.« Bei diesen innerlich gesprochenen Worten verneigen Sie sich innerlich vor dieser Familie. Stellen Sie sich dabei vor, dass im Brustraum aller Beteiligten ein helles Licht grell aufleuchtet, Sinnbild für den göttlichen Kern. Dann schließen Sie mit »Bitte seid mir freundlich, dass es gut weitergeht«.

Heilsames Loslassen Ihres Sohnes oder Ihrer Tochter

Schließen Sie die Augen, beobachten Sie tief und hellwach Ihren Atem. Lassen Sie gegenüber von sich im inneren Zeitraffer eine stille Weile das Leben Ihrer Tochter/Ihres Sohnes ablaufen – vom Säugling, Kindergarten- und Schulkind über die pubertäre Zeit bis jetzt. Bilder, Gedanken, Erinnerungen. Vielleicht können Sie mit Ihrem Atem wahrnehmen, dass es da neben den freudigen Erinnerungen, den schönen Bildern, neben Dankbarkeit auch Schmerz in Ihnen gibt in Bezug auf Ihr Kind. Einen Schmerz vielleicht über Jahre, die rückblickend zu schnell vergingen und zu wenig bewusst miteinander freudig genossen wurden. Einen Schmerz vielleicht über Momente, Ereignisse und Verhaltensweisen von Ihnen, die Sie heute bedauern und vielleicht anders meistern würden mit Ihrem Kind. Lassen Sie all das in sich aufsteigen, schauen Sie es einfach an in sich, auch die Gefühle, ohne es zu beurteilen. Jetzt ist es, wie es ist. Das Kind ist kein Kind mehr. Es ist erwachsen. Fassen Sie das vollkommen in Ihr Bewusstsein und sagen Sie innerlich, auch mit Ihrem Schmerz, »Ja« dazu.

Sagen Sie dann, und es ist gut, wenn sich dazu Ihre Lippen bewegen: »Mein liebes Kind. Ich sehe, dass alles, was das Leben und wir in dich hineingegeben haben, dich groß werden ließ. Keine Mühe, keine Anstrengung war umsonst – du bist erwachsen geworden, wir haben dich auf den Weg gebracht, und das war unser Auftrag. Und ich merke, es schmerzt mich auch, dass dieser Auftrag erfüllt ist. Manchmal hätte ich dir gern mehr geboten und gegeben, als es war. Aber es war all das, was mir möglich war. Ich habe nichts zurückgehalten. Es war mein Bestes. Und da du auch das Größte von mir hast, das Leben, war es letztlich viel und genug. Damit nehme ich auch alle Urteile und Vorstellungen zurück, wie etwas oder jemand hätte sein sollen oder gerade eben ist – es ist, wie es ist.«

Sagen Sie dies in dem Bewusstsein, dass die Ordnung ist, dass Eltern geben und Kinder nehmen und das Erhaltene ans Leben und die Nächsten weiterreichen. Das ist der Auftrag der Eltern. Kinder können das Erhaltene niemals ausgleichen, es ist so viel, dass sie es nur nehmen können. Wenn Sie sich als Elternteil Ihrem Kind gegenüber schuldig fühlen, erschweren Sie sich und dem Kind das Leben. Richten Sie sich auf bei obigen Sätzen der Wahrheit und gehen Sie wieder in Ihre Würde und Kraft, das gibt auch der Seele des Kindes Kraft, egal wo es sich aufhält in dieser Welt.

Wenn vorhanden, vergegenwärtigen Sie sich nun den Lebenspartner Ihrer Tochter/Ihres Sohnes neben ihr/ihm. Lassen Sie innerlich *hinderliche* Bindungen, die Sie an Ihr Kind haben, sichtbar, denkbar oder fühlbar werden – das kann also wie ein Seil, ein Tau, eine Schnur, ein Lichtstrahl, eine Kette, eine Eisenstange, alles Mögliche sein. Trauen Sie Ihrer Fantasie. Vermuten Sie. Von wo zu wo könnte diese Bindung reichen? Vielleicht von Bauch zu Bauch, Herz zu Herz, Kopf zu Kopf oder anders?

Dann stellen Sie sich vor, wie Sie beide langsam und sanft diese *hinderliche* Verbindung von sich lösen. Haben Sie keine Furcht! Die Liebe bleibt und auch weitere Kontakte. Es geht darum, unbewusste Bindungen zu lösen, die Sie und Ihr Kind am Glück hindern. Oder stellen Sie sich vor, wenn es zu Ihrem Leben und Glauben passt, eine dritte Kraft, ein Engel oder Christus kommt hinzu und löst die Bindung. Dann stellen Sie sich vor, wie Ihr Kind, der Partner und auch Sie selbst in weiches, segnendes und schützendes Licht eingehüllt sind. Sie sagen dazu:

»Mein liebes Kind, von mir aus bist du frei für deinen Weg. Und ich danke dir für alles, was du vielleicht für mich sein wolltest und für mich mittragen wolltest. Ich achte auch deine vielleicht verborgene Liebe. Aber es steht dir nicht zu, etwas für oder mit mir zu tragen. Du bist nur mein Sohn/meine Tochter, und das reicht vollkommen für mich. Ich bleibe deine Mutter/dein Vater. Und er/sie (Name des Partners) darf jetzt deine Nummer eins sein. Ich achte deinen Weg und deine Wahl.«

Folgende abschließende Sätze sind vor allem auch sehr wichtig, wenn die Eltern in Trennung, ohne Kontakt zueinander oder im abwertenden Verhältnis zueinander stehen oder standen. Wichtig sind sie aber in jedem Fall:

»In dir lebe ich und dein Vater/deine Mutter. Was immer zwischen uns nicht heil und gut war, das lasse vollkommen bei uns. Du darfst frei davon sein. Solltest du Urteile von mir über deinen Vater/deine Mutter oder von ihm/ihr über mich übernommen haben, spreche ich dich hiermit ganz frei davon, dass du dich selbst lieben kannst – denn du bist aus Vater und Mutter zu gleichen Teilen zusammengeflossen und kannst keinen von uns beiden in dir verleugnen. Du darfst uns beide lieben und damit dich selbst lieben und achten. Das wünsche ich dir von ganzem Herzen. Sei gesegnet.«

Lächeln Sie innerlich und lassen Sie nun Licht als Segenssymbol in Ihr Kind hineinfließen. Stellen Sie sich dabei vor, dass der zweite Elternteil dies auch tut. Egal, wie er sich im Alltag zeigt oder ob er noch lebt. Erzeugen Sie das Bild, als wäre es so, dann hat es Heilkraft. Hinter Ihnen stellen Sie sich jeweils Ihre Familien vor, die ebenfalls den Lichtstrom gutheißen und ihren Segen und ihr Wohlwollen hinzufließen lassen durch Sie und den anderen Elternteil bis in Ihr Kind hinein. Lassen Sie es fließen, bis Sie das Gefühl haben, es ist für diesen Moment genug und gut.

Gute Wünsche und der Gruß des wahren Wesens

Diese Übung ist bestens geeignet, wenn Sie Groll oder leidvolle Distanz zu einem Ihrer Mitmenschen empfinden. Um den Stolz beiseitestellen zu können, der gewöhnlich solche Übungen vermeiden möchte, machen Sie sich klar, dass unter jeder negativen Emotion vor allem Sie selbst leiden müssen und dass Groll, Urteile und Hadern nie zu dem führen, was Sie sich wünschen. Im Gegenteil führen solche Emotionen zu allem Überfluss auch noch zu psychosomatischen Problemen vielfältiger Art – ersparen Sie sich das!

Wie vor jeder mentalen Übung kommen Sie erst eine Weile zur Ruhe, entspannen Ihren Körper und beobachten

Ihren Atem in der Nase – nichts tun, Atem intensiv und hellwach beobachten, Gedanken kommen und ziehen lassen, nichts beurteilen, Atem beobachten – und dann schauen Sie innerlich sanft, vielleicht dabei zuversichtlich lächelnd. Machen Sie das für drei bis fünf Minuten – gerne auch länger, wenn Sie die Wohltat darin entdecken.

Denken Sie an Ihren Schwiegervater, oder mit wem auch immer Sie es gerade schwer haben. Und nun stellen Sie ihn sich vollkommen glücklich vor. Stellen Sie sich vor, wie er sanft und strahlend lächelt, sanfte Augen hat, glückerfüllt ist. Wie er herzlich und dankbar lacht, liebevoll an dieser Welt teilnimmt. Wenn Sie ablehnend sagen: »So ist er aber nicht!«, gerade dann müssen Sie weiter leiden unter Ihren Urteilen über diesen Menschen und umso wichtiger ist die Projektion eines neuen, herzlichen Bildes dieses Menschen. Unser Unbewusstes unterscheidet nicht zwischen Realität und vorgestellten Fantasiebildern. Das können wir wundervoll nutzen.

Sprechen Sie den imaginierten Menschen innerlich sanft mit seinem Namen an und senden Sie ihm wohlwollende Gedanken: »Sei gesegnet mit Freude. Sei gesegnet mit Gesundheit. Sei gesegnet mit Selbstliebe.« Oder: »Ich wünsche dir von ganzem Herzen Frieden.« Wünschen Sie dem Menschen das, was Ihnen selbst im Leben am wesentlichsten und tiefsten erscheint – nichts anderes. Und bleiben Sie bei obigen Anfangsformulierungen, sie haben sich kraftvoll bewährt. Bleiben Sie minutenlang und voller Hingabe und Kraft bei diesen innerlich immer wieder formulierten Segenswünschen.

Dabei können Sie sich noch vorstellen, wie während Ihrer guten Wünsche blühende Blumen oder farbige Schmetterlinge, Licht oder ein Regenbogen von Ihnen zu diesem Menschen schweben oder sich sanft bilden. Sie werden merken, je spielerischer und tiefer Sie diese Übung mit besten Wünschen machen, desto wohler tut es Ihnen selbst. Sie werden Freude und Frieden dabei empfinden.

Beenden Sie die Übung damit, dass Sie sich aus dem Brustraum dieses Menschen strahlend seinen wahren Wesenskern aufleuchten lassen. Lassen Sie diese kleine Sonne auch in Ihnen aufleuchten mit den inneren, sanften Worten: »Das wahre Wesen in mir grüßt das wahre Wesen in dir.« Oder: »Das Göttliche in mir grüßt das Göttliche in dir.« Oder: »Friede sei mit dir. Friede sei mit uns.«

Wenn Sie schon fortgeschritten sind und tief in Frieden und in urteilsfreier Verbindung im Geiste sein können, können Sie sich auch innerlich vor diesem wahren Wesenskern verneigen – als Zeichen Ihrer tiefen Wertschätzung, als Zeichen Ihrer tiefen Einsicht, dass dieser Mensch in der Tiefe wundervoll ist, egal, was die Maske auf der Straße zeigt. Wer die Übung noch segensreicher für sich gestalten möchte, geht auch dazu über, solche guten Wünsche für *alle* Menschen und Wesen im Geiste auszusenden – ganz kollektiv und ohne Ausnahme. Was Sie aussenden, ist für andere fühlbar und wandelt im Lauf der Zeit nicht nur, wie Sie der Welt begegnen, sondern auch, wie die Welt auf Sie zugeht. Ich weiß, wer diese Übung immer wieder macht, wird wahre Wunder in seinem Leben erleben.

Zeit hat man nicht, Zeit nimmt man sich

Manche, tendenziell die, die noch nicht die wunderbare Kraft solcher Übungen erkannt haben, sagen oft: »Ich habe ja keine Zeit dafür.« Dann möchte ich Sie durch die Überschrift darauf aufmerksam machen, dass einzig Sie selbst permanent entscheiden, wofür Sie sich Zeit *nehmen* – nämlich für das, was Ihnen wichtig ist oder was Sie meinen, tun zu müssen. Sie »müssen« aber nichts – Sie entscheiden.

Das Leben ermöglicht uns so viele Momente, wo wir solche Übungen und ähnliche praktizieren können. Ein Stau, die Warteschlange im Kaufhaus, ein Liegestuhl in der Sonne, die Badewanne oder die Sauna, beim Spaziergang, ein Stuhl, auf dem ich für fünf Minuten ruhig die Augen schließe, der Umstand, gerade nicht schlafen oder noch nicht gleich einschlafen zu können, oder morgens noch vor dem Aufstehen – ja selbst die Toilette am Arbeitsplatz kann hier zu einem heiligen Ort werden. Sagen Sie also bitte nicht zu sich selbst, Sie hätten keine Zeit. Es geht einzig darum, zu wollen und Prioritäten zu setzen – und die setzen wir immer selbst, je nachdem, ob und wie sehr wir etwas in seiner Dringlichkeit oder Sinnhaftigkeit für uns oder andere erkannt haben.

Ausklang: Ein Lied auf die Liebe

Geleitet sind die meisten Autoren wohl vor allem von dem Bedürfnis nach Sinnhaftigkeit, Authentizität oder Lebendigkeit und Leichtigkeit, je nachdem, über was sie schreiben. Und wenn sie Glück haben, erfüllt sich auch Wertschätzung. Als Autor schreiben, löschen, ändern Sie monate-, tage- und nächtelang, bis Sie das Gefühl in sich erhalten: »Ja, das ist das, was ich zu diesem Thema sagen und teilen möchte.«

Ist es nun das, was ich zum Thema *Ach, wärst du nur wie wir ...* sagen wollte? Vielleicht noch nicht alles. Sonst würden sich meine Finger nicht mehr auf den Tasten bewegen.

Ich weiß nicht, in welcher Lebenssituation Sie sich gerade befinden. Der eine mag alt, der andere jung sein. Manche sind krank, vielleicht todkrank, und andere gesund und in der Blüte ihres Lebens. Die einen haben vielleicht alles, was sie brauchen, und andere leben eher an der Armutsgrenze. Die einen mögen in Frieden mit ihren Lieben leben, andere gerade hoffnungslos zerstritten oder getrennt sein. All das bietet und zeigt unsere Welt.

Ich weiß jedoch, dass es etwas gibt, was uns alle verbindet. Wir alle wollen glücklich sein. Jeder Mensch, jedes Wesen will glücklich sein. Auch wenn jeder dieses Glück auf seine Art und Weise zu erreichen versucht, finden es viele nur bedingt. Sie suchen es nämlich in äußeren Errungenschaften, in Schönheit oder materiellem Wohlstand. All das nützt uns aber nichts, wenn uns eines im Leben nicht gelingt: dass die Liebe fließt. Wenn die Liebe in uns fließt und wir die Liebe in unserem nähesten Umfeld am Fließen erhalten können, erfüllt sich für uns die Freude des Lebens – mehr als durch alles andere auf dieser Welt.

Wir alle wollen glücklich sein.

Wo die Liebe fließt, weichen leidvolle Umstände, Krankheiten und Mangel. Wo die Liebe fließt, ergeben sich wie zufällig günstige Umstände, Unterstützung und Wendungen im Leben, die wir dankbar ins Herz nehmen können. Wo die Liebe fließt, wird gelacht, wird gesungen, geteilt und gefeiert. Alles andere verliert im Leben an Bedeutung und erfüllt Sie nicht mehr, wenn in Ihren nähesten Beziehungen die Liebe nicht fließt – und Sie wissen das. Die Liebe ist die Basis von allem. Die Liebe lässt alles gelingen, die Liebe hält allem stand.

Darum seien Sie im Leben vor allem um den Fluss der Liebe, der Wertschätzung und Verbundenheit bestrebt. Alles andere ergibt sich dann von selbst. Alles andere, was ohne die Liebe keinen Wert hat, wird dann zu Begleitgeschenken auf Ihrem Weg. Das größte Geschenk jedoch bleibt die Liebe.

Die Liebe ist immer in Ihnen. Die Liebe braucht jedoch Offenheit, Mut, Zugewandtheit und wertschätzende Echtheit, dass Sie immer wieder, wie die tägliche Sonne, aus Ihnen und um Sie erscheinen kann. Setzen Sie sich dieses Lebensziel – alles andere wird Sie nicht in dem Maße erfüllen können wie die Liebe. Nutzen Sie alle Möglichkeiten, um wieder ein Stück heiler zu werden. Nutzen Sie

Bücher, Vorträge, Gebet und Meditation, Trainer, Therapeuten, Kurse und Seminare, um sich, Ihr liebevolles Herz und Ihre Seele zu entwickeln.

Kämpfen Sie gegen niemanden mehr im Außen – stellen Sie die Feinde der Liebe namens Stolz, Neid, Gier, Urteil und ihre Gefolgschaft in Ihrem Inneren. Werden Sie ein eigenverantwortlicher Mensch, der bereit ist für Selbstheilung, für und in Selbstliebe. Alles, was Sie umgibt, Ihre Familie, die Schwiegereltern, sie alle sind die besten Lehrer und Meister auf Ihrem Weg. Und wenn wir alle Prüfungen durchlaufen haben, werden wir erkennen, dass wir alle diese Menschen tief lieben und diese auch uns immer tief geliebt haben. Dessen bin ich mir ganz sicher.

Dank

Kein Therapeut kann sich in etwas einfühlen, was er nicht selbst auch irgendwie erlebt hat. Kein Autor kann tief über etwas schreiben, was ihn nicht auch selbst beschäftigt und vielleicht erschüttert hat.

So danke ich an erster Stelle von ganzem Herzen Renate und Reiner, meinen Schwiegereltern. Schaut, so ist aus dem Schmerz und dem Ertragenen etwas Schönes und Gutes geworden. Ich wünsche mir von Herzen, dass dieses Buch möglichst vielen Paaren und Familien ein hilfreiches Licht ist, das Frieden bringt – und somit unser Schmerz nicht umsonst gewesen ist.

Danke, liebe Andrea, dass du meine Frau bist und geblieben bist. Durch dich ist schon vieles in mir heil geworden.

Danke, liebe Kinder. Ihr lasst mich immer wieder das Wesentliche erkennen, wenn ich mich in Unwesentlichem verzettelt habe.

Danke, lieber Vater, für den Schreiburlaub bei dir, dass das Buch fertig wurde. Danke für deine stille Liebe. Ich weiß, wann immer ich dich brauche, du bist da.

Liebe Mutter – ich weiß, du hättest dieses Buch geliebt. Danke für deinen Segen, der uns überall begleitet.

Ein »Sammeldanke« an alle anderen, die durch Inspiration und Unterstützung auch an der Entstehung dieses Buches mitgewirkt haben – wie Tom, Jörg und Trudi, alle Klienten und Seminargäste, durch die wir stetig dazulernen, und das Team vom Kösel-Verlag.

Quellen und Literaturhinweise

Braden, Gregg: *Im Einklang mit der göttlichen Matrix. Wie wir mit Allem verbunden sind*, Isen: KOHA 2007

Hellinger, Bert; ten Hövel, Gabriele: *Anerkennen, was ist. Gespräche über Verstrickung und Lösung*, München: Kösel, 14. Aufl. 2006

Himmelstoß, Andreas; Engel-Himmelstoß, Andrea: *Spirituelle Lebensimpulse*, München: Südwest 2007 (vergriffen, Restexemplare beim Autor bestellbar: om@unsereseminare.de, www.unsereseminare.de)

Katie, Byron: *The Work. Der einfache Weg zum befreiten Leben*, München: Goldmann 1999

Rosenberg, Marshall B.: *Gewaltfreie Kommunikation. Eine Sprache des Lebens. Gestalten Sie Ihr Leben, Ihre Beziehungen und Ihre Welt in Übereinstimmung mit Ihren Werten*, Paderborn: Junfermann, 8. Aufl. 2009

Rosenberg, Marshall B.: *Den Schmerz überwinden, der zwischen uns steht. Wie Heilung und Versöhnung gelingen, ohne faule Kompromisse einzugehen*, Paderborn: Junfermann 2005

Rosenberg, Marshall B.: *Wie ich dich lieben kann, wenn ich mich selbst liebe. Ein praktischer Ratgeber zu einer neuen Art von Beziehungen*, Paderborn: Junfermann 2006

Schäfer, Thomas: *Was die Seele krank macht und was sie heilt. Die psychotherapeutische Arbeit Bert Hellingers*, München: Droemer Knaur 2004

Schneider, Jakob Robert: *Das Familienstellen. Grundlagen und Vorgehensweisen*, Heidelberg: Carl-Auer-Systeme, 2. Aufl. 2009

Taniguchi, Masaharu: *Die geistige Heilkraft in uns. Wesen, Grundsätze und Erfolge des geistigen Heilens*, Bietigheim-Bissingen: Turm, 6. Aufl. 2007

Taniguchi, Masaharu: *Leben aus dem Geiste. Glaube an dich selbst und an deine Kraft!*, Darmstadt: Schirner 2007

Tolle, Eckhart: *Jetzt! Die Kraft der Gegenwart. Ein Leitfaden zum spirituellen Erwachen*, Bielefeld: Kamphausen 2000

Weber, Gunthard: *Zweierlei Glück. Das Familienstellen Bert Hellingers*, Heidelberg: Carl-Auer-Systeme, 15. Aufl. 2007

Zurhorst, Eva-Maria: *Liebe dich selbst – und es ist egal, wen du heiratest*, München: Goldmann, 27. Aufl. 2007